U0424250

复旦大学
光华人文杰出学者
讲座丛书

小道有理：中西比较新视阈

[德]朗宓榭 著 金雯 王红妍 译

生活·讀書·新知 三联书店

Simplified Chinese Copyright © 2018 by SDX Joint Publishing Company.
All Rights Reserved.
本作品简体中文版权由生活·读书·新知三联书店所有。
未经许可，不得翻印。

图书在版编目（CIP）数据

小道有理：中西比较新视阈／（德）朗宓榭（Michael Lackner）著；金雯，王红妍译．—北京：生活·读书·新知三联书店，2018.1
（复旦大学光华人文杰出学者讲座丛书）
ISBN 978-7-108-06023-5

Ⅰ.①小… Ⅱ.①朗… ②金… ③王… Ⅲ.①东西文化－比较文化－文集 Ⅳ.① G04-53

中国版本图书馆 CIP 数据核字（2017）第 188153 号

特邀编辑	赵庆丰
责任编辑	王 竞
装帧设计	罗 洪
责任印制	张雅丽
出版发行	生活·讀書·新知 三联书店
	（北京市东城区美术馆东街 22 号 100010）
网　　址	www.sdxjpc.com
经　　销	新华书店
图　　字	01-2017-8003
印　　刷	河北鹏润印刷有限公司
版　　次	2018 年 1 月北京第 1 版
	2018 年 1 月北京第 1 次印刷
开　　本	787 毫米×1092 毫米　1/32　印张 5.5
字　　数	92 千字
印　　数	0,001-5,000 册
定　　价	38.00 元

（印装查询：01064002715；邮购查询：01084010542）

目　录

1　前　言
1　"小道"可观：中国与欧洲预测术的比较研究
32　关于梦书：为《伊本·西林的〈阿拉伯梦书〉》而作
49　士人遇到术士：论中国占卜术中的世界观和生命世界
84　再论谢和耐的《中国与基督教》
113　托马斯·阿奎那《神学大全》的首部中译本《超性学要》
137　附录一　中国和西方的预测术
151　附录二　朗宓榭谈中西方的命理学

162　出版后记

前　言

本书主要由2014年我在复旦大学荣获光华人文奖时所做的演讲组成。光华人文奖是一个很高的荣誉，我很高兴能够获得这份殊誉，在此谨对复旦大学的热情邀请表示衷心的感谢。这也将鼓励我在学术上百尺竿头，更进一步，和中国同事加深合作。我第一次来到中国，是30多年以前，今昔对比，中国发生了翻天覆地的变化。作为汉学家，我一直密切关注着中国的发展并为其进步感到由衷的喜悦。

复旦大学是我在科研上合作最多的高校之一，很多复旦师生都曾经去过我那儿参加学术会议、科研访问和学习，我们不仅建立了学术合作，也缔结了友谊。这里我特别要提到的是周振鹤教授，我们相识多年，相知很深，我不仅从他广博的学识中受益匪浅，而且他众多的兴趣，也让我们有说不完的话题。他的人格魅力，更让我体会到了陶渊明"不为五斗米折腰"的中国士人精神。

2005年我受邀来到复旦担任客座教授，2013年我的《文选》在复旦大学出版社结集出版，其间还有数次去复旦开会的机会。2014年的光华演讲，让我有一种回家的感觉，我很珍惜那次和复旦师生交流的机会，也很高兴演讲稿能够修订后在三联书店出版。

我年轻的时候，主修汉学、哲学、政治学和民俗学，后来分别在德国哥廷根大学汉学系、瑞士日内瓦大学汉学系担任教授，目前在德国埃尔朗根大学任教并主持汉学系和国际人文研究院的工作。在研究方面，我对中国的梦书、宋明理学、中西交流史、中国政治思想史和中国的命运观多有涉猎，因为兴趣广泛，所以也多有旁骛之心。

这本书一共收录了五篇文章，《"小道"可观：中国与欧洲预测术的比较研究》是复旦演讲的开篇，准备的是中文讲稿，提出了中西预测比较上的几个基本问题。书的主标题也由此而来，副标题"中西比较新视阈"源于研究切入点之"偏"。自2009年以来，我主持以命理学为重点的国际人文研究院，研究课题为"命运、能动性及预测：东亚文化和欧洲文化中的应对策略"。在中国，命理文化包括占候、占卜、堪舆、相术、测字等，还是属于灰色领域；在西方，尽管在各类娱乐性杂志报纸上多有星座算命，但也是有神秘论倾向，颇有不登大雅之堂之嫌。所以我目前的这个课题常常让人颇为惊诧：初一听很多人会奇怪这么一个课题怎么会在堂堂的大学府里有一席之地。细一想，更诧异这个课题的宽度和广度，这个课题不仅涉及古今中外，而且横跨很多学科，在我们研究院除了起到领军作用的汉学外，文献学、哲学、思想史、科学史、社会史、欧洲中世纪和早期近代史、宗教学、文化人类学和文学也都加入了这个课题研究中。因为预测和决策紧密相连，经济指数的上升下降，股市的潮起潮落难道不是预测的一个分支吗？谁能否定多元文化下的决策是当今的时尚课题？但没有预测，又哪来的决策呢？当然，课题深度是我希望和同道者共同挖掘的。

我对这个课题的诉求更多是从文化历史学和社会学出发的。我年轻时就对中国梦书非常感兴趣，1985年的博士论文的题目就是《中国梦书研究》。因此本书也收录了一篇我早年的杂文《关于梦书：为〈伊本·西林的《阿拉伯梦书》〉而作》，也算是为我个人的科研兴趣做一个注脚。

尽管当时由于时间的原因，来不及在复旦做《士人遇到术士：论中国占卜术中的世界观和生命世界》这个演讲，但这确是我当时一直在思考的课题。而且在复旦演讲中也受到了很多启发，故也收录在内。生命世界指涉的是实践活动的世界，有别于以理论为基础的世界观，其特点是人类世界在其前科学境遇中的自在性以及可知性。近年来对西方哲学视野中的生命世界或是儒家生命世界的维度等研究极为热门。本文将把生命世界和世界观这对概念,用于探索在传统中国颇为普及的士人旁涉占卜之术等现象。占卜术曾是社会各个阶层共享的生命世界,同时术士和士大夫也持同样的基本的宇宙观,也即世界观。

当时在复旦做的报告之一《言不尽意:宋元儒学与图表传意》,主要谈"图"作为阐释四书五经和道学章句的手段之一,在宋代臻于完美。这个报告通过研究宋元时期的"图"来对中国的传统语法学进行了探讨。关于这个课题,我在中文世界已经有几篇文章发表,所以恕不纳入。

《再论谢和耐的〈中国与基督教〉》这个报告,我也是直接使用汉语做的。表面上谢和耐的研究在于对基督教的批判,和"小道"没有直接关系。但是如果我们把释教和儒家中辟基督教者与基督教中的佛教批判者进行对比,会发现两者都是攻击对方宗教中的"非理性"因素。而这些所谓的"非理性"因素,到了一定时期就变成了"迷信"。

在这里我要特别提出一个概念,即"遭摒弃的知识"(rejected knowledge)。这个概念由来已久,比如福特·汉拿赫夫(Wouter J. Hanegraaff)用它梳理了西方文化的神秘论和学界的历史。[1] 我认为，这个概念在中国研究中非常值得借鉴。首先，任何文化都有一个所谓"推陈出新"的过程，对什么是"陈"、什么是"新"不应该持理所当然的态度，而是应该时时发出质疑，正如"迷信"这个概念也应该重新被审视一样。其次，在晚清西学东渐的过程中，中国的传统知识根据西方的知识系统进行了重新整合（当时的西方，经受了启蒙的洗礼，已经摒弃了许多特别是神秘主义的传统），特别是新文化运动以来，中国更是高高举起了西方实证和科学主义的大旗，这对中国的传统文化冲击很大。所以运用这个概念，可以在中西文化比较中更多关注由于外在冲击而被遗忘的部分，并思考为什么会遭到遗忘。当然"遭摒弃的知识"也不是一个定式，不是灰飞烟灭、一去不复返，比如中国的传统命学，则在一定意义上，在近代科学兴盛之后，和西方的心灵学、心理学甚至西方的面相学产生了一定的结合。居于主流文化和亚文化之中，介于信与不信之间，这往往是"小道"的命运，但也正是其机遇所在。

---

1 Wouter J. Hanegraaff：*Esotericism and the Academy-Rejected Knowledge in Western Culture*（《神秘论和学界——西方文化中遭摒弃的知识》），Cambridge University Press，2013.

撰写《托马斯·阿奎那〈神学大全〉的首部中译本〈超性学要〉》一文的起因是我对阿奎那关于预测和占卜的见解十分感兴趣。但是其首部中译本中没有包括这些见解。因此我开始关注他对命运的理解和命定观，所以这篇文章主要着眼于第82问和116问。这对基督教而言，可能谈不上是"小道"，但在中国的语境中显然是属于亚文化。这也是我和欧洲中世纪史学家多年合作的结果，再次印证了命理文化这个主题的宽泛性和多学科性。

无论是梦书还是命学，在中国过去、现在都不是显学，而属"小道"。但是我认为，中华文明自一开始就深受预占的影响，占卜、命理系统之庞大和复杂（梦书也在其中），可谓世界之最。孔子"死生有命，富贵在天"的名言，每个中国人都熟悉，最多可能不知道出自《论语·颜渊》。命理学一方面和中国的思想深层结构有着不可分割的有机联系，另一方面也充分地反映了中国民俗和社会心态，含有很大程度的宗教成分，所以"小道"不仅可观，而且应该观照研究，不能简单地以"迷信学说"来做盖棺定论。此外，从全球的视阈看，中国的"小道"完全可以成为国际显学，在世界性预测屡屡出现危机的情况下，也许能够棋高一着，另出新着，来缓解这种种危机。我们希望比较中国占卜与西方占卜，并借此来更好地理解占卜这一普遍的人类活动。因为试图揭开未来的神秘面纱，是全人类最古远的梦想之一。为所发生的、应可避免的不幸扼腕叹息，也表达了人类总结经验、警示未来的愿望。从容有备、胸有成竹，就不会错过未来奉上的机遇，反之则会手忙脚乱，无所适从。每个时期、每种文化都在其可能的范围和条件下，不断在尝试探索未来的迹象，以尽可能地把握未来。不仅在罗马人、希腊人那里各种各样的预占达到鼎盛，其实早在美索不达米亚文明中，占星术就极为发达，但长期被尘封地下。直到19世纪中期，伴随考古发掘的开始和亚述学的兴起，越来越多的实物出土，楔形文字也逐渐被破解，我们发现在泥板书上也有大量的记录解梦、占星、占象和预测的文字，甚至是学习预测的材料，以及记录资政作用的文字。任何预测都能帮助了解和缓解未来世界的复杂性，因为预测赋予未来一定的结构，并对似乎是无限量的未来加以一定的限制，而一定的限制同时就为定向的计划开辟了道路。研究预测的手段，意味着探索人类的知识史（即知识的形成和发展的历史），甚至可以说是科学史。至于灵验与否、相信与否，则是另一个问题。在这里我们也不想强调西方优越论或是中国优越论，而是希望具体了解各个文化中相同诉求的不同表达及其人文关怀。

　　下面我还要提到两个有关国际人文研究院的有趣插

曲。山东大学周易中心的张文治教授于2014年来复旦研究访学，受邀为研究院一年后的延长问题卜一卦，得到的是"解卦"。他告诉我，明年上半年困难会比较多，切忌张扬，要等待时机；下半年要刚柔并济，顺应情势，"朋至斯孚"，朋友、同事多会相助，当断即断，迅速解决问题。我们依此行事，结果研究院顺利延长了六年。而在2009年项目申请之初，我去波恩的前一个晚上正伏案工作，为第二天研究院的申请演讲做最后的润色，思绪凝滞之际，顺手卜了一卦，得"大有"，于是信心倍增，第二天感觉也是乘胜而进，最后这个似乎比较"冷门"的课题，得到了德国联邦教育科研部的大力支持。

也许这都是心理作用，但是这种心理作用不可低估。公元前408年的奥林匹克比赛中发生了一件耸人听闻的事情：来自昔兰尼的运动健将奥巴图斯赢了赛跑并在当天竖起了雕刻着他的名字的胜利之碑。耸人听闻的不是他立碑之事，因为这是奥林匹克的传统，得胜者的权利。奇怪的是奥巴图斯不是在赢了比赛之后才请工匠做碑，而是他在赛跑时已经把胜利之碑随身携带而来，因为他之前在利比亚沙漠中的绿洲氾洼问过神灵，预言告诉他将获胜。这个例子一方面表明预言对人的鼓舞作用，同时可见，在欧洲，甚至是在古希腊文明鼎盛时期，去神庙询问预兆，还是相当普及的。其实预兆和理性，即使在欧洲，在今后的很长时期还是会共存，而不是互相排斥的。我们不想将占卜简单地斥作迷信，或是捧为国粹，而是试图了解占卜是如何影响中国古代人的社会生活以及思维方式的。

最后我要特别感谢我的妻子徐艳博士，她是我忠实的听众和第一位读者，常常带着挑剔的眼光提出许多问题，并为我的两篇中文文稿润色。衷心感谢金雯女士，她在繁忙的科研教学之余拨冗为我翻译了两篇讲稿。王红妍女士翻译了《梦书》的序，在此也一并致谢。她们不厌其烦，几易其稿。感谢复旦大学出资支持这本书的出版，感谢周振鹤教授的敦促和指正。由于时间仓促，本书肯定还有很多不足之处，还请读者多多原谅。子曰："五十而知天命。"过了五十以后，我一直在问自己，科研上走过了很长的路，我现在也有充分选择自己课题的空间，那么在今后的时间里我最想从事哪方面的研究？我选择了对命理预测行为的历史背景及其发展的研究。从某种意义上讲，这是一个"随心所欲"的课题，但我想，我会努力去实践孔子所讲的"不逾矩"的境界。

"小道"可观:中国与欧洲预测术的比较研究

《四库全书》的总纂官纪昀在谈到狭义上的预占(即术数类而不是《易经》)时指出:"百家方技,或有益或无益,而其说久行,理难竟废,故次以术数。"接着他又指出:"游艺亦学问之余事,一技入神,器或寓道,故次以艺术。"在纪昀看来,"以上二家,皆小道之可观者"。[1] 这一看法和欧洲中世纪的哲学家、神学家大阿尔伯特(Albertus Magnus, 1200—1280)不谋而合,他把西方传统的预占术称为"不定之术"(artes incertae)[2]。今天我很高兴有机会和

---

1 《四库全书总目提要·子部》,卷91。
2 参看 Alessandro Palazzo, "The Scientific Significance of Fate and Celestial Influences in Some Mature Works by Albert the Great"(《大阿尔伯特一些成熟作品中命运和天的影响的科学意义》), in Alessandra Beccarisi et al., *Per perscrutationem philosophicam. Neue Perspektiven der mittelalterlichen Forschung*(《中世纪研究的新视角》)(Festschrift Loris Sturlese), Corpus Philosophorum Teutonicorum Medii Aevi, Beiheft 4, Hamburg, Meiner, 2008, pp. 55–78, und id., "Albert the Great's Doctrine of Fascination in the Context of his Philosophical System"(《大阿尔伯特哲学体系下魅力的学说》), in Ludger Honnefelder et al. (eds.), *Via Alberti*.

在座的各位对纪昀意义上的"小道"做一番中西比较。

一、预兆和偶然：我们是否拥有命运？

预测的意义在于给我们岌岌可危的人类以安全感。寻求未来之福与避开危险在人类的历史上是一个永恒的话题，只是具体的方法不同而已。在今天的西方社会中，各种对未来的预测随处可见，只是对个人或集体所谓"命运"的探问以及应对策略在人文科学中已经不再是占有重要地位的显学。与此同时，"信心""风险"等词代替了传统的命运观，只有按照一定的科学方法在具体的范围内所进行的预测才会被人们接受承认。在此我们讨论的，实际上是一个如何克服"不定性"（contingency）的问题。"不定性"在哲学用语中指的是一个事实的状况，该事实的存在，既不是必要的，也不是不可能的。尼克拉斯·卢曼（Niklas Luhmann）对这个概念在社会学上的表述是"此物如此（现在、过去、未来），可能是这样，也可能是别样"[1]。我

（接上页）*Texte –Quellen–Interpretationen*（《文本—资料来源—阐释》），Münster, Aschendorff, 2009, pp.135–218。

[1] Niklas Luhmann: *Soziale Systeme*（《社会制度》），Frankfurt, suhrkamp, 1984, p. 152.

们所谓的未来原则上的开放性并不是完全等同于偶然性。用这种理论看待历史，就会排除历史发展的必然性，同样也就没有一个历史事件可以从目的论的角度来观照。对未来的看法也会出现同样的问题。显然，人类很难接受这样的观点。1975年出生于慕尼黑的丹尼尔·科尔曼（Daniel Kehlmann）是一名近年来十分活跃的德语作家，他的《测量世界》（*Vermessung der Welt*）被视为"二战"后德语文学中最具成就的作品之一。他最新出版的小说标题为"F"[1]，这个F指的就是"Fatum"（即命运）。在《法兰克福汇报》的一次采访中他谈道："这是一个大问题：我们是否拥有命运？我不知道。这本书是我个人在这个问题上种种矛盾的总和……人无法生活在每时每刻都会发生意外的观念里，人的出发点必须是命运对一个人有一定的意图，这给人一定的安全感，这可以说是一个可调节性观念。人无法忍受绝对的偶然。"[2]

如何对待偶然，有各种态度，甚至有人彻底否定偶然性。用捷克语和法语写作的作家米兰·昆德拉在他的小说

---

[1] Daniel Kehlmann：*F*（《命运》），Hamburg Rowohlt，2013.
[2] Daniel Kehlmann，"Interview：FAZ online–Ausgabe"，28.8.2013（2013年8月28日《法兰克福汇报》采访，电子版）.

《不能承受的生命之轻》中列举了六个偶然[1],这六个偶然把两个相爱者(特丽莎与托马斯)牵引到一起。如果没有这些偶然,显然,他们则不可能相遇:"七年前在特丽莎生活的城市的医院里,偶然出现了一例脑科疾病的复杂案例,托马斯的主任医生被请去急诊。这位主任医生偶然患了坐骨神经痛,无法挪步。他派托马斯代替自己前往。在这个城市有五家旅馆,但托马斯十分偶然地下榻在特丽莎工作的那家旅馆。在火车出发前,他十分偶然地还有些时间,就到餐厅就餐。这天特丽莎刚好上班,并刚好也负责他这张餐桌。把托马斯推向特丽莎,需要六个偶然,好像他本人并不热心于此。"这某种意义上构成了偶然的外在框架,接着一个内在的、产生联系和意义的本质开始发生作用:托马斯在读一本书,这在这个饭店中是闻所未闻的事情。而这就为他和同样爱看书的特丽莎之间建立起了第一个联系。同时收音机里传来了贝多芬的四重奏,而这段四重奏,因为特丽莎早年的一次经历,总是和一个另外的、崇高的世界联系在一起,一个她梦想中的世界。在其他情况下,也许特丽莎根本不会注意到收音机正在播放贝多芬。昆德

---

[1] Milan Kundera: *The Unbearable Lightness of Being*, London, Faber & Faber, 1999, pp. 50–52.

拉写道:"正在她给这位她喜欢的陌生客人送上一杯白兰地的时候,她听到了贝多芬,这怎么可能呢?"昆德拉的结论是:"不是必然,而是偶然,充满了神奇。"昆德拉尽管让偶然作为事实存在,但是我们所赋予的意义,我们所建立的关联,我们从中读到的信号和预兆,在他看来,是一个美学历程,没有它,我们人类很难生存或是举步维艰:"人的生命如音乐的组成。人在美感的指引下,把一个偶然事件转化成一种动机(贝多芬音乐、火车轮下的死亡),并把这种动机归结于其生命的总旋律。"[1]

"预兆"并非"起因"。预兆和起因必须加以严格区别。要理解一个预兆,就必须将它从偶然的强大包围圈中加以脱离,也就是说从偶然中解放出来。一个预兆,是一个在某个时间传递给某个人或某组人的信号。要理解一个信号,就必须与之建立联系;前提是我们愿意并相信意义的存在,或者如昆德拉把主体的意义视为人必备的审美及音乐。这不同于决定主义的观念,因为决定主义是否认偶然存在的。决定主义在否认偶然的同时,并不否认未知的存在,因为在决定主义看来,人解读预兆的能力,受到人

---

[1] Milan Kundera: *The Unbearable Lightness of Being*, London, Faber & Faber, 1999, pp. 50–52.

类本身不完善的限制。

因此，预测在中西方普遍存在，这并非偶然。自古以来就不断出现各种技与术以及行为模式，让我们获得安全感，来把可能性范围加以进一步定义，进而缩小或彻底排除偶然性，并通过灌输规律性的理念来强调必然性。占星术最早可以追溯到公元前2500年的美索不达米亚，星体运动的规律性被视为和人的利益密切相关，或可以视为某种符号和迹象。早在公元前4000年，东亚就出现了骨占，而殷商时代的甲骨文就是占卜文字。

二、德尔菲神庙的皮提亚预言与《易经》

在欧洲，我们所知的关于德尔菲（Delphi）的皮提亚（Pythia）预言，最早来自古希腊哲学家赫拉克利特（Heraklit，公元前520—前460）的描述，他与孔子生活在同一个时代。他写道："德尔菲预言的主人既不表述，也不隐瞒。相反地，他提供预兆。"[1]

古典时期的希腊将阿波罗神（"德尔菲预言的主人"）视为皮提亚预言的灵感来源。当然阿波罗神是通过皮提亚的

1　Heraklit, *Fragment* 93.

嘴巴来"表述"的,但是所表述的内容并非一清二楚的"陈述",而是以预兆的形式表现出来。这些预兆需要进一步的诠释,如果我们有能力去诠释,那么也就没有隐藏的秘密了。

德尔菲的预言在赫拉克利特之前就存在很久了,荷马就曾提到那里的阿波罗神祭礼,考古学的发现也证明了公元前8世纪以来那里的兴盛场景,当时的权贵千里迢迢,去德尔菲神庙询问一个具体的问题或事件。而中国的"易",时间上更早,它以多种版本存在,并且比孔子生活的年代更久远。流传至今的《周易》是延续到今天的中国预测形式的核心。《周易》中有句话叫"筮无定法",也是指预兆总是和一个问题、一件具体的事件联系在一起的。按照《周易》里高度复杂的方法,人们可以得到一卦。而对这一卦的正确解释,却要求从一个完整的语义关系(即预兆本身)中进行选择。这和中国文字也有某种相似之处,比如汉字就包含着广阔的语义场。

在此我们可以看到一个本质的区别:德尔菲的预言从阿波罗神那里获得灵感;而中国的预言则通过一个复杂的分离蓍草的过程而形成。后者的特点是计算,分蓍草本身尽管是一个偶然的过程,但接下来的则是一个数学计算,计算的背后是时空合一的阴阳宇宙观,天地阴阳之间的相互作用乃是万物生成和变化的肇始。在接下来的几百年中,越来越多的因素可以相互结合,五行、由十天干与十二地支组成的时间表述,当然还有卦之间的关系、爻与整体之间形成的复杂的联系等,都得到了持续的发展。可见,至少对高雅文化(或高级文化)而言,中国预测以计算为基础,而西方的预测更多的是建立在先知的前提下,是口述的。

除了上面讲到的古希腊的女祭司皮提亚在德尔菲神庙传达阿波罗的神谕外,我们也知道《圣经》中的先知耶和华("主如是言",以赛亚和耶利米是犹太先知),同样,穆罕默德是伊斯兰教的先知,这是西方的主导现象。而在中国也存在先知,这主要是指扶乩、扶鸾或降笔,关键是神明会附身在鸾生身上,写出一些字迹。甚至儿童也在能预感方面充当灵媒,以童谣的形式宣布预言。系统的记录始于宋元时期,《文昌帝君阴骘文》称文昌帝君曾多次化身为人[1],这很快衍生出一系列动荡末世和虔徒自救的说教。到清朝出现了这样的文集,很多高官如朱圭(1731—1807),应该说是地位显赫,还积极参与这些文字的撰写。但应该讲,这更多属于民间文化。传统中国士大夫们的生活世界

---

[1] Vincent Gossaert, "Modern Daoist Eschatalogy: Spriti-Wrtiting and Elite Soteriology in Late Imperial China"(《现代道教末世论:中华帝国晚期的降笔和精英的救赎论》), in *Daoism: Religion, History and Society*, 6 (2014), 219-246 (Special Issue on "Changing Fate in Daoism", ein Symposium am Erlanger IKGF).

与其所在地的民间群体活动紧密相关，因此也参与社会其他阶层的民间宗教活动。从西方的理性主义出发，这种行为方式前后矛盾而没有一致性。最近，学术界对此现象做了理论性的描述，称为"复合型社会"的一大特点。这种"复合型社会"模式是对东南亚的生活方式的理论描述。[1]

因此，西方学界把儒家和民间宗教以及道家方面的崇拜加以分界的观点是值得商榷的。同样，在西方，抽签、扔骰子以及其他以类比和计算为基础的预测术也从古典时期就产生了，但是先知的作用更为重要。换言之，正因为预知未来的愿望是人类发展的一个常量，所以大多数获得这种认知的尝试和很多技巧在所有文明中都出现过。而各个文化的烙印则决定了其不同倚重，比如中国的先知预测传统就偏重于文字（如降笔）。

三、自由与宿命

"末日论"是人类对其所在世界出现的问题做出的思

---

[1] 参见 Rita Smith Kipp, "Dissociated Identities: Ethnicity, Religion and Class in an Indonesian Society"(《游离的认同：在印度尼西亚社会中的族群、宗教和等级》), University of Michigan Press, 1996。

考。所有世界宗教均要面对人类终极问题，如万物来源、人的地位、为何而活、最终归宿、世界结局等，均要按其信念提出令人信服的答案。基督教的末世论、基督再临和救赎是其重要的教义。显而易见，在基督教主导的地区世界的末日是更加绝对的结局，因为按照直线史观，历史如直线前进而迈向终局：不是周而复始的新开端，而是一次性事件，时间随事件的结束而结束。此外，对自由意志这个问题的特别关注，也是欧洲的独特之处。在旧约中"获取自由"是通过"违背神的信条"达到的，"这种罪恶受到了驱逐出伊甸园的惩罚"。人类为自由付出了"很高的代价，即受难和死亡"。而反之，耶稣的自愿赴死，在此可以理解为"人的意志，未受损且完好，自愿服从于神的意志"。这可以看出自由意志意义上的自由的重要地位。几百年以来西方的神学家和哲学家探讨自由意志，甚至可以说，绞尽脑汁，而对自由这个概念也获得了越来越清晰的把握。奥古斯丁简化自由意志，而托马斯·阿奎那则把自由意志看作和人的理性息息相关的概念，路德把自由意志看作一个矛盾体（"基督徒是万物之主，不是任何人的臣民。基督徒是万物可使唤的伙计，是任何人的臣民"），耶稣会士路易斯·德·莫利纳曾试图把神的全知和人的意志自由加以调和，而加尔文的理论则再一次简化自由意志，在黑格尔那里我们可以看到从必然到自由的艰难过渡("对必然性的认识",或是"自身自由的意志要求自由意志",自主的)。这个问题时至今日还在困扰着我们,比方说脑科学专家和哲学家之间的分歧,尽管从表面上看他们不是在争执上帝的问题,但是他们是站在思想家的肩上,一代代的思想家提出并探索了这个问题。

在中国,自由的问题则面对着截然不同的语境:常有人声称,古代中国缺乏自由的概念,或者自由的概念很弱。也许这个说法是对的,但是我们还可以观察到另外一种现象:在一个允许并相信预测命运的文明中,用从预占中获得的认识,理论上讲,是可以和命运进行斡旋的。一方面,"天命"是上天赋予的,无法改变,也不必去改变,而且上天也可收回成命;但是,个人的"命",可以通过祭祀取悦祖宗,或是接受如《日书》的指导,在命运欠佳的时候,避免去做一些事情,而在吉日适宜去做哪些事,哪些事宜急进,哪些事宜缓行等,从而"逆天改命",即"命"不是不可改变的"宿命"。

与进入现代之前的欧洲社会相比,中国社会的各阶层流动性大,家庭出身对个人的社会地位没有决定性影响。这种状况为个人的前程发展、命运预测提供了更大的空间。个人及其家族的升降沉浮总是发生在相对较短的时间内。

这是现代社会之前,西方社会与中国社会最大的差异。在西方,即使不反对占卜术的人也强调其局限性,因为命运是由上帝安排的,而上帝的意志是"偶然(无常)"而不可测的。中世纪的著名哲学家和神学家奥卡姆的威廉(William of Ockham/Occam,约 1285—1349)曾这样说:很多事情万能的上帝可以做,但并不愿意做;[1] 中国文化中是没有"超越"(西方文化所谓的"超越")意识的,占卜之书成为儒家典籍之一,这说明中国的文化精英们并不从根本上质疑"命运可知性"。朱熹认为,人对自己命运的认识与对宇宙的气理认识不可分。通过对宇宙的认识,人们可以超越偶然的气禀定命而追求个人的道德完善。当然他们之中不乏像王充那样的怀疑论者,只是这些人是宿命论者,认为对命运的预测毫无意义,因为在命运面前人无能为力,不具有能动性。

决定主义和宿命论有着本质的区别。决定主义者认为宇宙及人的命运尽管遵循规则,但这些规则只有在理想状态下才能加以认知。星占学家及历史学家科克·冯·斯塔克拉德(Kocku von Stuckrad)曾言:"神的意志永远无

---

[1] 参见 *quia multa Deus potest facere quae non vult facere*, William of Ockham, Quodlibeta VI, q.1 (Ed. St. Bonaventure I, 11, 586), New York, 1974。

法完全探知，天体运动有太多可能的解释。"[1]而宗教学家及社会学家乔治·杜梅泽尔（Georges Dumézil）建议："回归到最严格的决定主义上，我们关于自由意志的印象是绝对不现实的，只是因其操作的极端复杂而获得了合理性。原则上讲，这一切可以用代数公式来表达，当然这将需要百亿千亿个公式。但就像在我们这个时代有非同寻常的计算机，那么我们也可以认为，先知或许具有非同寻常的能力，来掌控这众多的因素，并把它们相连接，用这样的方式来'解释'未来。"[2]在百分之百相信可预测性的同时，还存在一个问题，这又归咎于人类无法认知整体，正如莱布尼兹所谓的"整体概念"，在他看来，只有上帝才能达到。所以预测可以不断重复，这是自由的表达。

中国古代流传下来很多和命运交涉的形式：从法术到道德修身。在佛教世界里也可以改善宿业，来达到和预言相符，减少不良后果甚至彻底抵消的目的。马克斯·韦伯以此认为传统中国"根本性地存在乐观主义"，但同时缺少

---

[1] Kocku von Stuckrad: *Geschichte der Astrologie*（《星象学的历史》），München, C.H. Beck, 2003, p. 45.

[2] Georges Dumézil: *The Riddle of Nostradamus: A Critical Dialogue*（《诺查丹玛斯之谜——批判性的对话》），Johns Hopkins University Press, 1999, pp. 66–67.

一种"和世界之间的张力"(和新教道德观相比)。[1] 也许人们不再需要一个清晰的自由概念,因为自由每天都能通过和命运的交涉而实现。

四、中西方的星占

江晓原的《历史上的星占学》(1995)分"外国篇"和"中国篇",对中西方的星占做了系统的梳理。[2] 近些年来又多次再版,应该是得益于其全球视野。中西方的星占都可以说是天地间的大学问,都是基于"天人感应",至于"天"和"人"的理解,则得从各自的文化语境中出发。预占的产生肯定是为了简化事物的复杂性,但是值得注意的是,预占形式本身在历史发展中变得越来越复杂:占星术早在古老的巴比伦就日渐有序,之后在亚历山大的数学家、地理学家、天文学家和数学理论家托勒密的推动下,拥有了前所未有的系统性(《占星四书》)。经院哲学家们把占星术划分为两类:自然的占星术观察星象,研究其对潮汐、

---

[1] Max Weber: *Gesammelte Aufsätze zur Religionssoziologie*(《宗教社会学文集》) Band 1, Tübingen 1986, VII Resultat: Konfuzianismus und Puritanismus, pp. 512–535.
[2] 江晓原:《历史上的星占学》,上海:上海科技教育出版社,1995年。

天气和其他自然现象的影响,迷信的占星术研究星象对人的行为的影响。个别学者,如大阿尔伯特,对所谓迷信的占星术却也推崇备至。[1]

上文中我提到了"起因"和"预兆"之间的区别。欧洲中世纪一些作者如大阿尔伯特因此把科学分成两类,一类是建立在调查起因的基础上的,一类是对预兆的推测。他分类的主要目的正是想把星象学纳入科学的轨道。其实早在古代欧洲,维塔斯·瓦伦斯(Vettius Valens,120—175)[2]就把星象学称为"推测"的科学,比喻为离弦之箭,当然目的是希望射中靶心。但是这支离弦之箭,是否能射中靶心,则没有百分之百的把握。这同样适用于医学,这也是 στοχαστικὴ τέχνη(预测之术),一门"推测"或"概率"的学问。这种有赖于推测的科学,如星象学和医学,是"不确定的科学"。大阿尔伯特在他的论著《论命运》("de Fato")中把起因和由起因引发的事物进行了划分,作为起因,首先是上帝,然后则是星体。"一旦事物离开上帝,在

---

[1] Thomas Aquinas, "de Iudiciis Astrorum", http://www.corpusthomisticum.org/ote.html.
[2] 关于 Vettius Valens,可参见 Greenbaum, Dorian Gieseler: "Arrows, Aiming and Divination: Astrology as a Stochastic Art"(《许可、目的和算命:星象学的随机性》), in Curry, Patrick (ed.) *Divination: Perspectives for a New Millenium*, Farnham, 2010, pp. 179–209。

存在的梯子上不断远离,那么将越来越短暂、多变,并和物质糅合在一起,尽管它们在上帝那儿极为简单、永恒和非物质。"在上天,秩序是必要和永恒的,而在地面,也就是指在被创造物方面,事物将变得不定和多变,因为它们受到数不清的因素的影响。这就给了偶然一个系统的空间。相应地,一个星象学家可以做出一个预言,这个预言尽管对上面提到的"秩序"有一个认识,但是由于人世间复杂的现实而不能达到百分之百的准确。"推测相对知识或者意见,其确定性要小一些,因为推测建立在变化的预兆上。……所以一个星象家说的常是实情,但是他的预言没有实现,因为这个预言就天体的基本特征而言绝对是正确的,但是这些基本特征由于地面事物的变化而没有起到作用。"[1]大阿尔伯特的思想深受亚里士多德哲学的影响,他把亚里士多德的哲学思想运用到星象学和其他科学的分类上。不理解亚里士多德"起因""预兆"和"变化"等概念,也许很难理解大阿尔伯特对"不确定的科学"的看法,很难了解星象学在西方知识系统中曾拥有过的地位。不过,大阿尔伯特所谓的不确定性,朱熹在为一位术士作序时也有类似论述:

---

[1] 参见第1页注2。

世以人生年月日时所值支干纳音，推知其人吉凶寿夭穷达者，其术虽若浅近，然学之者，亦往往不能造其精微。盖天地所以生物之机，不越乎阴阳五行而已。其屈伸消息，错综变化，固已不可胜穷，而物之所赋，贤愚贵贱之不同，特昏明厚薄毫厘之差耳，而可易知其说哉？（《赠徐端叔命序》）[1]

西方的星占学认为行星的运行是神的意志，而从恒星的天体运动，则可以演绎出尘世的事务。星占学不仅和天文学关系密切，也催生了"星象医学"和"星象气象学"。而中国古人则用阴阳五行构建了一个星象世界，阴阳五行是观测天象的范式，这些天象，已经不仅仅是一个简单的天文或气象现象，而是更多地具有人事的因素和社会的含义。

在中西方，观测天象，都有很多的政治含义和作用。正因为天象和人事的紧密联系，在古代中国星占学常常是由官府严格把持的，私学星占学和私藏星占学的著作，都将面临严厉的惩罚。星占成为政治预测、军事战略制定和统治者资政的枢纽。这种关系也在明清时期的文学作品中有所反映，如《三国演义》中在诸葛亮这个人物的身上就

---

[1] 《朱熹集》，郭齐、尹波点校，成都：四川教育出版社，1996年，第3920页。

集中体现了这种关系。诸葛亮计无不中,谋无不成,这在很大程度上被归功于他夜观天象的本领。

在古希腊罗马文化和阿拉伯文化中,星座与其他圣物圣地一样受到重视。在拉丁语文化的西方,马克罗比乌斯(Macrobius,古罗马作家之一,约活动于公元4世纪前后)生活的时代,占星术已成为传统学科。[1] 在13世纪,西班牙卡斯蒂利亚王国的国王阿方素十世把占星术作为重要的资政形式,而有关占星术的大量书籍主要是在卡斯蒂利亚王国的首都托莱多和其他地方从阿拉伯文翻译成拉丁文的。[2]

---

1 Francis J. Carmody, *Arabic astronomical and astrological sciences in Latin Translation. A critical Bibliography*(《拉丁文翻译中的阿拉伯天文学和占星学》), Berkeley u.a., 1956.

2 Marie-Thérèse d'Alverny, "Translations and Translators"(《翻译和译者》), in Robert L. Benson und Giles Constable (Hg.), *Renaissance and Renewal in the Twelfth Century*, Cambridge, 1982, pp.421-462. John V. Tolan, *Medieval Christian Perceptions of Islam: a Book of Essays*(《中世纪基督教对伊斯兰的领悟》)(Garland reference library of the humanities, 1768), New York u.a., 1996. Charles Burnett, *Magic and Divination in the Middle Ages: Texts and Techniques in the Islamic and Christian Worlds*"(《中世纪的魔术和占卜:在伊斯兰和基督教世界的文献和技术》)(Collected Studies Series, 557), Aldershot, Hampshire, u.a., 1996. Matthias Maser, *Die Historia Arabum des Rodrigo Jiménez de Rada: Arabische Traditionen und die Identität der Hispania im 13. Jahrhundert. Studie-Übersetzung-Kommentar*(《13世纪西班牙地区的传统和认同》)(Geschichte und Kultur der Iberischen Welt, 3), Berlin, 2006.

除了西班牙的伊斯兰文化地区和托莱多学派之外，在神圣罗马帝国，星占学也是围绕着皇冠的学问，皇帝身边不乏星象学家。弗里德里希二世治下的西西里岛也是接受和传播古希腊文化和阿拉伯文化的中心。占星术在巴勒莫的宫廷文化中不但是宫廷仪式的一部分，同时也对统治者的政治决策（如弗里德里希的婚姻等）起着指导作用。[1] 弗里德里希二世的资政官斯科特（Michael Scotus）是这个领域的专家。[2] 他受国王之命著书讲述占星术的概况（大概在1230年或1235年），他的著作可称作一部有关中世纪占星术知识的百科全书。关于他如何被皇帝选中，有一段有趣的传说：相传皇帝把候选的星象学家叫来，让他们预言他今日将从哪个城门出城。每个人把答案写好封呈皇帝，让他出城后展阅。皇帝有心让大家出丑，让人临时在城墙上挖了一个洞，他从洞中出城。谁知他的这一另辟蹊径的举

---

1 R. Manselli, "La corte di Federico II e Michele Scoto", in *L'averroismo in Italia. Convegno internazionale* (Roma, 18–20 aprile 1977, Accademia Nazionale dei Lincei). *Atti dei convegni Lincei 40*, (1979), pp. 63–80.

2 Charles S.F. Burnett, "Michael Scotus and the Transmission of Scientific Culture from Toledo to Bologna via the Court of Frederick II Hohenstaufen"（《在弗里德里希二世宫廷时期斯科特和科学文化的传播：从托莱多到博洛尼亚》）, in *Micrologus*, 2 (1994) (*Le scienze alla corte di Federico II–Sciences at the court of Frederick II*), pp. 101–126.

动,还是让斯科特算中了:"皇帝陛下今天将从一条新路离城。"这样,皇帝就录用他了。

但是,如果说中国的星占主要限制于"天垂象,见吉凶"的话,那么西方的星占,特别是生辰星占学,则和中国的八字算命有可比之处,可测个人的穷通祸福。而13世纪的波拿第(Guido Bnatti)在他的《天文书》(*Liber astronomicus*)中不仅认为星占学是一门科学,同时也是术:能够知晓过去、现在和未来,甚至如建造教堂、住宅、城堡乃至建设一座城市,何时破土动工才能吉祥顺利这样的问题也能解答。这和中国的"择吉之术"又是殊途同归。

五、预占的传统地位

显然,在基督教主导的西方,一个强大的创世神,一个超越一切的神,对预测不一定有积极作用;想方设法探究上帝的动机,实质上是一种罪恶。所以天主教对星占学、扔骰子和其他一些预占术多持禁止的态度,相信奇迹并在理论上对其予以阐述的学者也多反对占卜活动,但是预占术依然广泛流行,历史上很多教皇也有自己的占星家。欧洲启蒙运动则不是以反对上帝的决定为理由加以禁止,而是以科学来衡量并对预占术加以杜绝,因为科学性的前提是绝对的重复性。预占在西方随着基督教的普及，就不再具有主导（dominant）的地位，而仅仅是残余（residual）现象而已［在此使用雷蒙德·威廉姆斯（Raymond Williams）的这一组概念，来区分"主导""残余"和"突现"（emergent）][1]，反之，我们可以观察到在中国预占的地位在"主导"和"残余"之间摇摆不定。

庞朴先生指出："'五四'以前的中国固有文化，是以阴阳五行作为骨架的，阴阳消长、五行生克的思想，弥漫于意识的各个领域，深嵌到生活的一切方面，如果不明白阴阳五行图式，几乎就无法理解中国的文化体系。"[2]可见，阴阳五行在中国历史上有着无与伦比的地位。相比之下，西方的预占就显得十分边缘了。

中国术数著作的丰富程度也是世界上独一无二的。《易经》是最早的一部占卜书，之后还出现了许多预占的著述。特别值得一提的是，术数也是中国古代学科分类中的一个重要门类。从现存的最早图书目录《汉书·艺文志》中可以看到，收入西汉皇家图书馆的图书共596种13269

---

1 Raymond Williams：*Keywords. A Vocabulary of Culture and Society*（《关键词：文化和社会词汇》），London, Fontana/Croom Helm, 1976.
2 庞朴：《阴阳五行探源》，《中国社会科学》1984年第3期。

卷,而其中术数类的书籍竟有190种2528卷,几乎占了全部图书的三分之一。

中国的科举制度,更加强了士大夫阶层和卜算千丝万缕的联系。科举制度在一千多年时间里,对中国的社会结构、政治制度、教育、人文思想等产生了很大的影响。科举成了高级官员的必经之路。由于该制度比分封、世袭相对平等,考试竞争激烈,考生的压力相应也很大。在这种患得患失之际,有很多人自然会求助于术士。刘祥光在《宋代日常生活中的卜算与鬼怪》一书中指出:"宋代士大夫阶层形塑的同时,卜算之风也大为流行。宋代社会历经卜算术士大量成长的过程,其中一个因素是宋代读书人数量持续增加。"[1]

此外,中国的士大夫和术士不仅有简单的"买卖""供需"的关系,还有很多互惠行为:术士帮助士人理解或改变前程,士大夫阶层则帮助术士拓展市场,甚至改善其地位。这一点,我们也可以在诸多命书多包含知名学人的序中得到印证。

预占,不仅仅是星占,无论中西方都在政治上有一席

---

[1] 刘祥光:《宋代日常生活中的卜算与鬼怪》,台北:政大出版社,2013年,第18页。

之地，但是科举制度作为特殊的政治制度，士大夫作为特别庞大的知识和政治阶层，这就奠定了预占在中国的特殊地位。此外，在中国古代读书人当中，常常有不少人具有卜算知识，有些甚至转而以卖卜为生。纵观中国历史，知识阶层还十分推崇"知人之术"，当然"知人"主要是为国家选择栋梁之才，但还是属于预知术之类。甚至晚清曾国藩，尽管当时西学东渐，但他仍然以《冰鉴》一书扬名，取"以冰为鉴，明察秋毫"之意，宣扬观人之术，为选贤任能之用。当然很多研究表明，《冰鉴》并非出于曾国藩之手。

中国的卜算文化可以分为"卜"人和"卜"地，如果说，"卜"人和西方还有很多相通之处，那么"卜"地，即看风水，则是西方所没有的。风水文化的发展，有很多因素，但是也和地方官学的兴修有密切关系。一般认为，地方官学的风水和士人中举有密切关系，官学在兴修方面就必须考虑风水。这又是中国人和命运斡旋的一个例子。

六、预占和迷信

中国历朝历代在不同时期曾将不同的占卜术定为秘术，但是占卜术作为一个整体从来没有被宣判为是一种"迷信"而遭到禁止。当然每一种占卜术中都含有一定的非正统成分,但是传统上占卜术从来不处在文化的对立面,反倒被容纳吸收到很多家族仪式以及国家礼仪之中。国家官方的祭礼与占卜活动之间的关系随着朝代更迭而改变,某些时期,一些被士人承认的占卜方式由于政治原因被禁,有关占卜术方面的典籍(如谶纬文献、历法)不许私人收藏。但国家并不反对占卜术,而更多的是要控制占卜活动。尤其是敦煌文献表明,许多繁简各异的占卜方面的书籍都是出于在朝为官的士大夫或地方官之手。[1] 此外,占卜具有精神安慰作用,一条吉信可以让我们获得力量,一条噩信可以让我们倍加警觉。这也让占卜与中医紧密联系在一起。

19世纪末20世纪初欧洲启蒙思想涌入中国,对儒家思想中的等级观产生了巨大冲击,中国的知识分子致力于用"科学"来代替传统文化中的大一统秩序,希望通过对教育、语言文字方面的革新而建立一个平等的社

---

1 Marc Kalinowski, *Cosmologie et divination dans la Chine ancienne. Le Compendium des cinq agents* (*Wuxing dayi*, *VIe siècle*), Paris, EFEO (PEFEO, 166), 1991; "La divination par les nombres dans les manuscrits de Dunhuang", dans I. Ang et P.-E. Will, (Hg)., *Nombres, Astres, Plantes et Viscères. Sept essais sur l'histoire des sciences et des techniques en Asie orientale*, Paris, IHEC, (1994), pp.37–88, "Mythe, cosmogonie et théogonie dans la Chine ancienne", *L'Homme*, 137/1 (1996), pp. 41–60.

会。尤其是1912年民国建立后,许多观念意识随着帝制政体的解体而逐步被消解,如天子、天命、国家宗教祭祀等,"科学万能"的观念甚至在政治领域内也占据了主导地位。这直接导致了1928年和1930年两次反对从事"迷信"(superstition)[1]活动的立法运动(可见,西方的迷信概念已经捷足先登),其间不仅很多寺庙被迫关门,而且很多中医以及占卜术士都被禁止从业。但是在20世纪40年代中国还是出版了20世纪最著名的三位命理大家之一袁树珊的《命谱》,它从四柱命理的角度为孔子等64位名人立传,比如说,以命式来解释为何孔子三岁丧父。尽管国民党当局极力倡导启蒙开化之风,但是占卜书籍依然十分流行。从20世纪初科普杂志《格致汇编》和《点石斋画报》所发表的文章和众多读者来信来看,传统的命运观在人们的意识中继续存在,并没有随现代科学知识的普及而消失。

1949年新中国成立以后,"迷信"这个概念使用更为广泛。"文革"期间禁止宗教,并要求与包括占卜在内的"落后的""封建的"传统生活方式以及世界观决裂。但是

---

[1] Rebecca Nedustop, *Superstitious Regimes. Religion and the Politics of Chinese Modernity*(《迷信的政权——近代中国的宗教和政治》), Cambridge/Mass., Harvard East Asian Monographs 122, 2009.

占卜活动以隐蔽的地下方式一直存在并保持了连续性。[1] 改革开放以后,预占方面的书籍日渐繁荣,打着传统文化的旗号,多可以在各大书店买到。[2] 对传统文化中的占卜和占梦的研究,也成为中国历史学家的热门话题。刘文英所著的《梦的迷信和梦的探索》对中国历史上的占梦活动进行了总括性研究,在学术界引起相当大的反响。至于算命的实践,仍然是处于灰色区域。《科学与无神论》杂志几乎每一期都发表文章,"揭穿"当下流行的占卜术或与算命有关的迷信活动。

可见,"迷信"这个西方概念,历经基督教和启蒙运动,意义已经被掏空,成为批判的话语,随着语境的变化,可以用来指责任何不受欢迎的观点和实践。但是命学实际上是符号的规范化,这些符号可以来自大自然:可以是云的不同形态、天体的运行、雷电、妖魔的现形和鸟的阵列,这些符号被加以分类而系统化。而另一种规范化的形式则是独立设计"符号",例如抽签、打牌、用骨牌骨占及使用《易经》。特别是后者,尽管是人的产物,但是往往

---

[1] Ole Bruun, *Fengshui in China-Geomantic Divination Between State Orthodoxy and Popular Religion*(《风水在中国》), Honolulu, University of Hawaii Press, 2003.
[2] 朗宓榭著,徐艳主编:《占卜术之风云再起》,刊于《朗宓榭汉学文集》,上海:复旦大学出版社,2014年,第272—291页。

被视为大自然的杰作,正如天体或各种气象现象。两种规范和分类,试图为发生在我们身上的事件赋予意义,和我们发生有用的联系,因为正如上文所述,我们人类无法承受意义的缺失及绝对的随机性。正是在这个意义上,歌德在《诗与真》中把自己称为"迷信的",因为这部自传开篇就是他出生的时辰:"迷信是充满动力的、大举措的、进步的、自然的一个载体,而懦弱的、狭隘的、举足不前的、限于自我的人的特点则是什么也不信。"而一位歌德传记的作家写道:"迷信实际上是对不熟悉的现象的肯定,它们围绕着我们,并以成千上万的方式影响着我们的生活。正因如此,歌德对预言特别看重,他对自己的梦做了细致的解剖……"[1]

欧洲的很多所谓的科学预测的形式是在18世纪到19世纪的转型期间产生的,使用概率测算,历史证明这其实和赌博也有关系。对测量数据的处理,首次在知名数学家高斯(1777—1856)的"正态分布"中得到正确的表述,并发展到高斯钟形曲线,并从1844年起在概率计算中大量使用。概率计算的问题在于,处于钟形边缘的事件,某种

---

[1] Marcel Brion:*Und jeder Atemzug für dich. Goethe und die Liebe*(《为你呼吸——歌德和爱情》), Wien, Paul Zsolnay, 1982, p. 253.

意义上被视为是不可能的：柏林墙的倒塌，雷曼银行破产后引发的经济危机，以及很多和我们息息相关的政治、经济事件，是用这种概率计算无法预测的。每天我们都经历着预测，特别是经济界的预测，在不断地被修正。显然预言的价值处于不断瓦解的过程中，特别是涉及个人的预测，比如医药方面，预言的价值则更低。

19世纪末的西学知识系统中，科学已经取代了"迷信"。[1]而中国在接受西学的过程中，其传统学科的分类中的术数，因为找不到对应，而在知识重组的过程中，失去了在中国文化中应有的地位。其实，且不说大阿尔伯特力图为星象学在科学中找到一席之地，西方科学的鼻祖开普勒留下一千多份"命单"，伽利略也同样精通星座算命，而牛顿对占星术和炼金术则有着特别的兴趣。只不过西方已经经历了启蒙和进步的洗涤。

如果我们想把预占作为人类知识史上的一个重要因素加以进一步探讨，那么借助迷信这个概念，我们不会取得新的进展。有些方法，因为其系统性，以及和客体的现代

---

[1] 参见 Rebecca Nedustop: *Superstitious Regimes. Religion and the Politics of Chinese Modernity*（《迷信的政权——近代中国的宗教和政治》），Cambridge/Mass., Harvard East Asian Monographs 122, 2009。

预测（比如天气预报）的接近，也可以被视为弗雷德·劳埃德（Geoffrey Lloyd）所说的"前科学性"。[1]从某种意义上讲，预占也是一门"软"科学，可以与用于诠释世界的人文科学相比。人文科学在英语国家中被称为"自由学科"，即培养个人文化修养的基础学科。总之，重要的是我们不能把知识史上这么重要的一个组成部分忽略不计。

综上，预测是人类共同的兴趣和利益所在，但是东方和西方对待命运和自由的态度不同，所以其预测在两个文明发展中的路径及侧重也有所区别。其实，预测无所不在，无论是在经济界、技术领域、政界、医学还是其他许多领域，我们都是见证人，只不过这些预言，今天多出自专家之口，得到了科学的佐证。在所谓的科学预测屡屡失败的今天，有必要重新反思预占在人类知识史上的地位。

我认为世界上没有一种文化像中国文化那样重视占卜与预测。命理文化是中国传统文化中历史最悠久、基础最深厚、传播最广泛的一门学问。在欧洲启蒙文化的理性观念广泛普及的今天，在推进现代化的同时，中国人是否仍

---

[1] Geoffrey Lloyd: *The Ambitions of Curiosity: Understanding the World in Ancient Greece and China*（《猎奇之心——古希腊和古代中国对世界的理解》），Cambridge: Cambridge University Press, 2002.

然具有自己独特的命运观以及应对个人或集体命运变化的策略？这些策略是否有助于西方走出科学预测屡屡失败的局面？

依我之见，一些非西方文化的社会只是部分地接受了欧洲启蒙文化的理性观念，即使在现代化大潮的冲击之下，仍然具有自己独特的命运观以及应对个人或集体命运变化的策略。与西方社会相比，预测未来的各种方式对东亚人们的心理活动和心理健康有着更深刻的影响。

自20世纪以来，除马克思主义之外，现代新儒学在中国是最活跃的思潮。新儒学的代表人物在20世纪中期对马克思主义进行批判性研究，形成了自己的现代化观念和对现代化进程的思考。值得注意的是，在中国，现代化总是被理解成一个"追赶"的过程，而国家是这项"追赶"行动的领路人。西方学者则认为，现代化是社会结构中的各种因素相互作用而产生的结果。这个进程不是个人或集体作为行为的主体所能决定的。因而现代化进程对个人或集体来说只能是一种行为主体无法掌控的进程，是一种"偶然性（无常、无序）"的经验。与西方的主导思潮不同，新儒学认为现代化可以由"以德为本"的国家通过采取一定的"政治措施"来实现。这种现代化观念完全脱离了循环历史观，在理论上构建了一个具有道德自主性的政治集体，而这个政治集体是创造自己历史的行为主体。否认或忽视历史进程的"不定性"即"偶然性（无常、无序）"，是中国文化历史观的特性之一。也许在中国的占卜预测文化的背景下，我们能够更好地理解这一历史观的特性。

所以今天我的报告，还只是研究的开始，而不是结束，希望有更多的学者加入这个跨文化、跨历史、跨学科的课题的研究。谢谢大家。

关于梦书：为《伊本·西林的〈阿拉伯梦书〉》而作[1]

几个世纪以来只有梦书还承载着对梦的重要性的信念。经过启蒙时期及怀疑主义时期，人们几乎完全放弃了从学术的角度研究梦。19 世纪的实证主义，强调的几乎只是外在性，梦仅作为猎奇志异尚残留在民间信仰中。然而，在此之前，梦的记录和解梦却经历过一个繁荣期。在文艺复兴时代，特别是在 16 世纪重新发现了古希腊的占卜家和释梦家阿特米多鲁斯的《解梦》之后，涌现了大量的解梦书籍，与中世纪广泛流传的民间梦书相比，这些著作更为详尽。这个时期最杰出的代表是米兰的医生及人文主义者吉罗拉莫·卡尔达诺（Girolamo Cardano，1501—1576）。随着"严格的"科学概念的胜利，解梦和其他占卜术如占星

---

[1] 该文以 "Das arabische Traumbuch des Ibn Sirin"（《伊本·西林的〈阿拉伯梦书〉》）为名，首刊于 *Aus dem Arabischen übersetzt und kommentiert von Helmut Klopfer. Mit einem Essay über Traumbücher von Michael Lackner.* München：Eugen Diederichs，1989，pp. 9–31。

术和相面术一起遭排挤被归为迷信，解梦完全被排除在文学和哲学范畴以外，只能在有些古怪的梦书和占卜术书籍中（类似于中世纪的书籍）还留有可怜的一席之地。

19、20世纪之交，弗洛伊德出版了他的研究成果《梦的解析》一书。当时大多数学者以对待"庸俗的"梦书和占卜书的态度来看待这部著作。其实，弗洛伊德只是继续着一个古老的研究，他和大多数梦书的作者一样，都认为解梦就是破译一个尚在隐藏中的符号系统，并认为其符号的含义具有普遍性。他们的解梦前提是认为所有的梦都传递了一个信息，具有一定的意义。弗洛伊德并不是第一个为解梦昭雪的人，很多浪漫派哲人都曾思考过这个话题，但是在一个盲崇科学的时代，在一个混淆了"心灵痊愈"和"身体健康"，从而认为医生就是身心治愈者的时代（直到今天依然如此），弗洛伊德重新赋予了解梦科学性的桂冠。

在精神分析学中还存有解梦的遗迹，让我们来梳理一下它古老的脉络吧。

每一种占卜术都不是建立在理论的预知上，而是建立在经验的基础上。与鸟占、观动物内脏占卜或者星占不同，梦见不祥的事不需要观察任何外在现象，也不用像在抽签、数蓍草叶子或者把字母转化成数字等这样的占卜中人为地安排或者操纵。梦是一种"直接的"、不需要任何媒介的征兆，它发生在人体中，是自然的一部分。在解梦过程中，人才和这种自然现象拉开距离。在强调天人合一的文化中，梦与所有其他的古怪现象被置于联系之中。这样，对梦的文字记载同时也是最具有代表性的体验，即兑现的梦。

在源于公元前13世纪的中国甲骨文上很容易找到类似梦书的内容。埃及的"比提蒲草纸"抄本大约完成于公元前1350年，其中有更多的关于梦和解梦的记载，甚至已经涉及对立、关联等解梦方法。在早期的民间文学中也有大量关于梦、说梦和对梦系列的记载。在吉尔伽美什史诗中对梦系列的记载大概是最早的例子。但是这些都还不是梦书。严格意义上的第一本完整的梦书是亚述时期的一本梦书，它在亚述巴尼拔国王（公元前668年到前627年在位）的图书馆中被找到。从这种意义上看所有的梦书始终都是解梦之书。

为什么梦象成真，梦的来源、解梦的意义和方法，这些问题首先都被搁置一旁。显然符号和表征之间的关联，被视为是理所当然的。

直至公元后的几个世纪，系统论述符号和表征之关联的必要性，才在梦的研究中找到了突破口，并催生了一种新的梦学理论，它主要研究梦的层次和分类。在西方，古希腊思想对这种梦学理论起到决定性的影响。

人们也许会问，为什么恰恰把梦的分类放在如此重要的位子上。梦主要是一种先兆，预示要发生的事情。当然，古人对现在和未来的联系有着不同的理解。东方文化从植物界获得灵感，从一粒谷物或者果实种子中看到了未来的整株植物，从而认为未来即融在现在之中，也就是说一个人的命运，即"本质的命运"和其特质有关。

《奥德赛》第19篇把梦分得更清楚，包括启示未来的梦以及明显与现在和过去有关而对未来毫无意义的梦。这种相对简单的梦的划分是最初的分类方式，被后人不断地、盘根错节地发展演绎下去。基于这种分类，人们也对梦形成的原因做出相应的解释。启示未来的梦源自神，无意义的、跟现在有关的"白天的残余"源自身体。阿特米多鲁斯（公元2世纪）的《解梦》一书集古希腊梦学之大成，被看作"梦的科学"，成为后世关于梦的著作，特别是梦书的典范。

我们这本书主要探讨的阿拉伯解梦同时受到古希腊传统（阿特米多鲁斯的作品在9世纪已被翻译成阿拉伯语）和以口头形式流传的巴比伦—亚述传统的影响（有资料显示早在伊斯兰时期之前，阿拉伯人对有些梦题材的解释就与亚述时期的相吻合），但是在阿拉伯解梦中更有影响力的、几乎在所有梦书的重要章节中都出现的是伊斯兰教本身。《古兰经》、信徒的日常生活是解梦中经常涉及的内容。穆罕默德也赋予梦重要的意义,有很多文献记载了他的梦以及他向学生问梦。从《古兰经》中我们也可以看到先知们应用的解梦方法在很多方面都与近东地区的共同的解梦传统相符。

梦中有人呼祷,有人祷告,也有人争论什么是正确的信仰,也有法兰肯军队,梦也向我们展示了人们的家居生活、家用工具等。

这样我们就能了解到某一环境下的现实生活,它们是梦书中的文化元素。就像一个外乡人写的游记一样,梦书能反映某一时期、某一地区的风俗习惯,任何一本由本地人所写的著作都无法与之相比。因为就像上面提到的那样,解梦时人与发生在自己身上的事拉开距离,从某种意义上说,解梦使人在自己的(精神上的)故土上成为陌生人。"过去是一个陌生的国度",按照这句格言,即使是不相信梦有任何意义的人也应该对来自陌生文化和遥远时代的梦书肃然起敬。如果梦书是一些典型的、反复出现的梦象的记录,即收集了那些已实现了的梦,那么梦书同时也呈现了生活世界的观念和现实。由此观之,梦书也是民族学的研究对象。它百科全书式的结构(在欧洲及阿拉伯地区有按照字母顺序排列的梦书)反映了当时人们认识事物的顺序排列及在某一文化下事物重要性的次序。比如中国梦书中以"天"开篇,过渡到"地",然后汇入"人"的顺序,反映了中国人的世界观;在中国,神与鬼的出现都只是自然现象的一部分。

伊斯兰文化中人们对世界的理解另有不同,梦书的编排顺序也就不同,以我们这本书为例:首先是理论性的引言,然后是有神出现的梦象,接着是有天使、鬼怪、先知以及其他有宗教特点的梦象,最后才出现现实世界,以百科全书式的顺序依次排列为天、气象、地质、植物,然后是人所生存的自然和社会环境及人的财产和所属。特别值得注意的是,该梦书所涉及的生活世界中,坐骑类动物在所有动物中占有一个特别的章节。

不仅在看待整体世界的问题上,而且在解释具体梦象时,解梦具有文化属性。所以猪代表"不该占有的财产"(《阿拉伯梦书》113页)也就不足为奇。有一本据说由阿克米特·本·西林(Achmet ben Sirin)所作,而实际上由一位希腊—拜占庭帝国的基督徒写成的梦书,把猪和高兴的事联系在一起。阿特米多鲁斯也认为猪是吉兆。《丹尼尔的梦》是一本中世纪的梦书,它继承了古希腊的传统,把有猪解释为健康,但同时又把梦中看到母猪解释为蒙受羞辱(指疾病)。印度的梦书《雅戈德瓦解梦钥匙》中自然没有提到家养的猪，作者只是提到代表攻击性的野猪。中国的解梦书多不把猪视为幸运，而是解释为官司缠身，这实在出人意料，却与中国的鬼怪学说有关。

在阿拉伯地区，雨水自然被奉为"神的恩赐"（《阿拉伯梦书》58页），而在不是那么干燥的地区，如拜占庭帝国，人们知道阴雨连绵的灾害，对梦见雨水的解释也就不同。《雅戈德瓦解梦钥匙》、一些中国民间梦书，以及《丹尼尔的梦》则从现象学的角度把雨水和繁茂联系在一起。

文字在很多民族的精神生活中起到决定性的作用。相应地，文字对解梦也很重要。比如说，中国的汉字，即使到现在还有很多象形文字。不了解汉字构字特点，对很多梦都无法理解。而这本《阿拉伯梦书》之所以把"怀孕"和"绳索"联系在一起（《阿拉伯梦书》89页），也主要是因为其字形上的相似。与此相似的还有在阿拉伯地区早期的解梦文献中把"头发"与"诗歌"联系在一起，而在我们这本书中已经把梦见头发与"信仰"联系在一起（《阿拉伯梦书》81页）。

而信仰具有决定某部著作或者多部著作、某种经典成为文化准绳的机制，这样，著作就超越了单纯的存在。我们可能对有些梦的解释初觉"不合逻辑"，但是在通晓信仰经文后，比如《古兰经》及先知传统，我们就会恍然大悟。

本书的开篇(《阿拉伯梦书》36页)就把"神的书"视为最尊贵的解梦依据。同时,梦书又是我们了解经文在日常生活中的应用的重要途径之一,因为梦书比相对抽象的神学诠释更接近生活,所以我们可以从中更多地获知经书的释义和使用方法。对一些口头语的理解,如格言和谚语,尽管不一定以文字的形式存在,但也给解梦以启示(《阿拉伯梦书》38页)。

就像伊本·奥泰巴(Ibn Otayba,卒于889年)所强调的(如果那本相应的手稿确实出于其手的话),解梦人要涉猎数学、司法、语言学、道德以及宗教、祭祀等知识,所以他必须受到通才教育,这样他才配获得询梦人的信任。

怀疑主义者相信可以解释梦的内容,却不相信梦有任何意义。梦书中记载的生活世界和对世界的观照,对怀疑主义者来说,只是证明梦和解梦能够反映特定的现实环境,而除此以外,解梦再无他意。此外,值得注意的是,梦书也有可能影响到梦的诱因,为梦提供素材。大多数当代心理分析师都知道这么一个现象,即被分析人在与某一深层心理学学派接触一段时间后,做的梦即呈波线形符合这个学派的理论。现在这种现象甚至会发生在第一个梦即"始梦"中,人们把它解释为传递现象。这样,梦从一开始用的就是解梦人的话语。

只有在弗洛伊德的语境里,蛇才被普遍解释为性的象征(通过同样具有普遍性的"梦的审查"的推测),而梦书基本把蛇视为恶毒的敌人(比如已经提到的拜占庭帝国时期的《丹尼尔的梦》以及《阿拉伯梦书》114页)。印度的梦书反倒出人意料地没有提到蛇。阿特米多鲁斯说如果妻子梦见自己怀抱着一条蛇,并且自得其乐,那么他认为蛇代表婚姻破裂,对他来说,蛇主要意味着人类的敌人。在《古兰经》中不是蛇,而是不顺服神的堕落天使即魔鬼引诱了亚当。《圣经·创世记》显然沿用了既存的解释,把蛇视为人类的敌人。

有些梦书虽无法证明它们同属一个传统,从而彼此之间存在直接的联系,但是人们不得不正视这些梦书在图像上所有的共同点。这首先指那些直接基于人在"清醒"经验下的图像,比如没有人会对蛇是人类的天敌提出怀疑。令人感到非常惊讶的则是某些基于长期的解梦实践和经验而获得的图像中的共通之处:比如不同文化对梦见屎的解释几乎都是一样的(《阿拉伯梦书》88页),屎表示占有和获利,如果再直白一点,表示财运。大多数民族把梦见沉醉酒乡解释为发财。即使这本阿拉伯的梦书也突破了宗教的限制提到了喝酒,对它的解释至少是两面的(《阿拉伯梦书》79页)。有时候不同的文化对于梦的来源和现象学认识有着惊人的一致的解释，比如认为梦是一种动态，有时甚至是魂的迁移，又比如对真实的梦的认识和评价，等等。

古代解梦的人大多把梦的来源和特质与梦的分类联系在一起，毕竟解释梦象才让人思考什么是梦。梦通过一种符号语言，向我们传递一定的信息，当然，这个符号语言必须能破译。在这个前提下，我们必须根据所指，把符号语言根据其所表示的内容归类。跟我们的预期一样，如果梦书中真有理论论述的话，那么这理论部分也是和具体的解梦分开的。因为相关理论是后来才形成的，这在我们前文中已经简单提到。此外我们还要牢记，梦书最初是给那些专业或不太专业的解梦术士用的工具书，只有中世纪百科全书式的民间梦书才是供做梦的人自己查阅的。

梦象究竟分成几类呢？中国古代的解梦更多的是注重梦形成的条件，比如一个噩梦和一个与前一天思想有关的梦得采取不同的解法。《塔木德》把可兑现的梦分成三类，即早上要睡醒时做的梦，朋友梦见一个人的梦，在其他的梦中能够找到解释的梦。与此相关的，很多梦书作者也关注被荣格称为梦的主观层面和客观层面的问题，比如中国的梦书和阿特米多鲁斯都认为，梦中梦见自己，并不总是代表这个梦会发生在自己身上（比如梦见自己死了，但现实中是父亲死了，某种程度父亲代表身体和精神上的另外一个自我。阿特米多鲁斯《解梦》第13页)。反过来,梦见其他人也可能是表示现实中的"我"。

《阿拉伯梦书》提到多个解梦的层面。穆斯林也是一个"书的民族",所以文字和语言层面自然是解梦的第一选择,具体包括《古兰经》、先知传统、俗语、语源、字形、文字游戏和其他相似的方法(在9世纪据称由奥泰巴著的解梦书中也有类似的分类)。另一个层面是根据梦象的特征,按照图像逻辑的方法分析梦象的含义。这种解梦方法在所有的梦书中都占有最大的篇幅,阿特米多鲁斯称之为"托寓"。这是梦的另外一种"说法",只有通过"经验的钥匙",即梦的钥匙才能了解梦的含义。荣格认为象征符号有别于一个简单的符号,是一系列想法和观念的总和的表达。如果我们不遵循荣格的这个说法,也还是可以把解梦视为象征性的。

反意解梦,即梦象与现实中要发生的事情正好相反,从根本上说也是一种托寓解梦。这种方式在印度解梦书中很常见。比如一座坟墓表示一座房子(《阿拉伯梦书》71页),反过来一座陌生的私宅表示坟墓(《阿拉伯梦书》70页)。再比如生一个男孩,在现实中本是件高兴的事,但是在此却是不祥之兆(《阿拉伯梦书》90页)。弗洛伊德认为梦的主要特征是"另一种言说",也即是用隐晦的语言、回避的方式。而《阿拉伯梦书》与其他大多数梦书却是直述梦象，阿特米多鲁斯称之为"直观法"，就如第101页精简扼要的话"妻子始终就是妻子"，一针见血地直接阐明梦象。

托寓是梦书最重要的领域。关于托寓中每个符号的含义如何确定，可以有很多假设。可确定的是，传统在托寓解梦中举足轻重，这不仅表现在文字解梦方面，也反映在梦与现实结合的解梦中（包括特定的和普遍的生活现实），而且神话有时成为梦的题材，在欧洲主要是指《圣经》中的神话，这也体现了传统的重要。

比传统更重要的是所谓的"梦的经验"。一些兑现了的梦具有重要历史意义，它们被整理归入人类的梦集中。在古代大多数情况下，只有像君王、祭司、先知这样众目仰望的人做的梦才能被收入梦集。《阿拉伯梦书》中也记载了一些这样的梦，反复提到了几个"大事件"。记载这样的梦使梦书充满生命力，可以作为后世解梦的指南，同时梦书也不再仅仅是一本关于梦的工具书。前面我们已经提到过梦书中记载的梦也有可能反过来影响其读者的梦。

研究具体象征意义的形成，把梦象与现实情境置于逻辑关系中，是另一个层面。比如"没有火焰的火"表示麻风（《阿拉伯梦书》55页），或者"母乳表示牢狱以及贫穷"（《阿拉伯梦书》78页），因为两年后就断奶了，这两个梦象的解释如果细细琢磨都讲得通。心理学上的一些令人惊讶的发现也属于这个范畴，比如只有在醒后发现真的尿床了（《阿拉伯梦书》82页），梦中遗尿才代表一种脱离关系（比如富有变为贫穷，贫穷变为富有等）。

今天谈到梦的象征性，几乎不可避免地就会提出《浮士德》的"格蕾特试金石"式的问题："你怎么看待原型？"虽然人们尝试寻找一些能够超越时空的限制适用于全人类的梦释，但是实际上梦和解梦很大程度上取决于某一时期人们普遍的或者特定的生活现实。探讨和神话的关系，是一个无尽的话题，但这也涉及原型的问题。

在过去几年里，因为受到深层心理学对童话和神话研究的影响，对非历史性的需求，得到了蓬勃的发展，结果造成梦的原型数量越来越庞大，远远超过了荣格提出的原型。现在几乎每个梦的题材都有可能成为一个原型。

在这个意义上我们的梦书也符合要求。如果原型理论能够直接阐明产生概念混乱的原因就更有助于其研究。和所有的大概念一样，"原型"这个概念也有些无法解决的"残余"和概念上的开放性。荣格有的时候把"原型"定义为一种现实（结构建构元素），有的时候又定义为一种可能性（具有潜力成为一种原型）。这些在明晰和抽象之间的尝试都具有合理性：这样完全可以设想把原型视为一种构建现实的力量，在研究它的时候，目光首先集中在人的有意识的生活中，而不是在童话、神话或者梦中加以寻找。

在这个意义上，《阿拉伯梦书》中先知穆罕默德也具有原型特征，他是智者、指路人，或者用伊斯兰教的语言说，他是正确道路的明灯。

然而我们没有必要把话题扯得那样远。我们这部手稿的所谓作者是阿拉伯地区9世纪以来很多解梦术士经验的"原型"。很多早期的梦书都被归到伊本·西林的笔下，他成了解梦领域的"独一无二"的经典权威，他的个体特征相应消失。在欧洲解梦的代表人物丹尼尔和约瑟，在中国据说撰写了《易经》的周公，他们和伊本·西林一道都是"解梦"的化身。

除了可利用梦书研究民俗以外，对很多人来说，特别是对那些认可解梦的人来说，梦书的声誉一直不佳。梦书百科全书式的、有时是按照字母顺序的编排，特别是提纲挈领式的结构从根本上来说是一种简约。不管人们怎样评价梦书中的静态描述以及机械快速推出结论的可能性，梦书还是被视为迷信的代表。毋庸置疑的是，这类梦书的使用者从某个时期开始也将是梦书的作者。这个过渡也标志着梦书从学者研究类书籍转变成民间解梦的百科全书。

这里我们要为梦书辩护一下，说梦书是迷信，这样的批评不应该针对梦书本身,更应该针对那些不假思索、草率使用梦书的坏习惯。几乎所有的古代梦书都强调解梦人必须考虑做梦人的出身、社会地位及当时所处的境况,这样解梦人才能更好地了解做梦人。关于"在海上行走"(《阿拉伯梦书》62页)这个梦象的解释,告诉我们世俗统治者或者君王的梦和普通人的梦解法不同。根据一个符号在梦中出现的不同(通过补充和删除解梦,《阿拉伯梦书》39页),根据做梦人的处境以及人的不同(矛盾解梦,《阿拉伯梦书》40页等),同一个梦象可以有不同的解释。这说明梦书最初是一种指导性丛书,它为那些深谙解梦艺术的占士收集资料。《阿拉伯梦书》则可能是阿拉伯地区的解梦术士以民间的形象出现,实际上是继承了前伊斯兰时期术士卡宾(Kabin)的遗产。

在分析梦的不同动因后才试图对梦进行归纳解释(《阿拉伯梦书》41页),这出人意料地符合弗洛伊德解梦的第二条规则,即解梦时必须把梦拆开,梦所有的梦象层面必须加以单独分析,每一个看上去微不足道的细节都不能遗漏。

弗洛伊德和席勒都认为如果理智过早地审视梦象,也就是说如果直接解释梦,会对"灵魂的杰作"带来误解。梦书在一定程度上遵循了弗洛伊德解梦第一原则即"联想"

原则,尽管梦书中的联想不能天马行空,而是要遵循一定的规矩。另外在当代主要要考虑的是做梦人的联想,而古代注重的则是解梦人的联想。联想原则在特定类型的梦书中,比如梦签书、年历等(在欧洲和中国,这样的书尤为常见),和其他类型的梦书相比,使用尤为频繁,这里梦居于次要地位,被与数字(今天经常以数字彩票的形式出现)、日期、月亮周期、星象、生理学及气象学现象联系在一起,并在整体联系下解梦。这就是早期的、在固定规则框架下的联想及递进原则。

这种方法在《阿拉伯梦书》中也有部分保留,比如说在冬天或者在即将下雨的时候解梦比在其他时间相对不可靠,以及书中对梦能否实现的预估(《阿拉伯梦书》41页)。

阿特米多鲁斯非常强调解梦人的天赋,从联想解梦和分析解梦看,阿特米多鲁斯的观点在当今仍适用。荣格称"解梦为一次经历",用韦伯的话我们也可以说是解梦人的"尽情发挥"。有时候我们透过梦书也可以一瞥解梦人的"工具库"。伊本·奥泰巴介绍说,伊本·西林解梦的时候,要花大半天的时间询问做梦人的处境、个人情况、职业、家庭以及生活方式,不漏掉任何蛛丝马迹。

人们禁不住会问,如果一切都只是一次偶发的经历,那么撰写梦书的意义是什么?这里"艺术是永恒的,生命是短暂的"这句话特别适用，解梦的艺术——这确实是一门大师的艺术——如果要延续下去，就必须甘冒僵固的危险，归典成文予以记录。因此梦书起着支持记忆的作用，其文字常常押韵上口。

解梦是艺术，因为它是建立在几乎无法被系统化的人的认知的基础之上的。在中国有个人为了要考验解梦术士，带着同一个编造的梦三次来找术士，术士给了他三个不同的解释，每个解释都应验了。

在前伊斯兰时期，也门的一个统治者也是为了试探解梦术士，把两个术士叫来让他们在解梦之前先猜自己做了什么梦，两个术士猜他做的梦和他们对梦的解释完全相配。这样，占卜术，其本身的含义是猜测和预计，体现在一个概念之中。

《阿拉伯梦书》第49页记载伊本·西林对两个不同的人做的相同的梦给予不同的解释，因为他对两个做梦人进行了仔细的考察。

感谢伊本·西林以及这个名字或者其他名字背后的解梦大师留下的呕心之作，这使得所有的，也包括那些普普通通的解梦术士也能读到它。

（王红妍译）

士人遇到术士：论中国占卜术中的世界观和生命世界

必须承认，我不知道在牟复礼（Frederick W. Mote）纪念系列讲座中，有多少人引用过牟复礼。定然不止我一个，不过还是想援引他1972年发表的一篇很有影响的文章，标题是《中国与西方在宇宙观上的鸿沟》[1]。牟复礼的结论是不同的宇宙观包含对现实的不同理解，因为言辞激烈，引起了学界汉学人士以及非汉学人士的一致兴趣。我今天的讲话是为了勾勒另一道鸿沟，它并不存在于中国与西方之间，而是横亘于中国之内。我也希望因我的探究，能重新考察牟复礼教授提到的文化差异。这个问题无疑很复杂，需要迂回地接近，我在此恳求大家能耐心听到最后。

我想要描绘的断层是矗立于世界观（这个词也可以是复数）与生命世界之间的。我所说的生命世界具有何种

---

[1] *Transition and Permanence: Chinese History and Culture*, ed. David C. Buxbaum and Frederick W. Mote, Hong Kong, Cathay Press, 1972, pp. 3–21.

含义？首先，它指的是我们认为理所当然而无须论证的人类世界，具有可触摸、可感知的特性。这个世界与世界观之间壁垒分明，后者由理论和科学话语构成。从这个概念的创始人威廉·狄尔泰（Wilhelm Dilthey）以降，一直到晚近的哲学家与汉学家，"生命世界"这个概念经历了各种变化，但对于它的共识是，意识扎根并存在于一个充满意义的世界中，这个世界由社会、文化和历史各种要素构成——简要来说，这个世界构成了个体和集体的认知边界，以及认知能力、实践和态度的背景。

一、"小道"之辩

正如传统中国的许多其他活动一样，数术也在生命世界中根深蒂固。因为没有被官方禁止（除了直接牵涉皇帝及其家眷的测算法之外），数术得到了广泛的承认，并不同程度地弥漫于整个社会，影响几乎每个人的生活。至少在南宋之前，不论是士人精英阶层还是社会其他阶层，人们普遍会参与占卜活动，包括为重要事情挑选吉日、游移不定的时候寻求神谕启示，或预测个人前程。我之后的论述会显示，卜卦活动被认为是"小道"，与习经、修身颂德和提高为官能力这些"正道"相对。"小道"与"正道"

目标、旨归皆各不相同，分属两个范畴。从事"小道"者大多为专精此道的术士，他们之间自然难免有方法论上的争执，但本文着重探讨的是对此无甚了解、潜心于"正道"的士人。他们对"小道"所知甚少，却言之凿凿，他们的评价或许能揭示中古之后中国的世界观与生命世界之间至今（不幸）不为人知的关联。我大部分证据出自笔记体小说，特别是纪昀的《阅微草堂笔记》，此种体裁与生命世界的关系远大于典籍注疏。同样接近我之前定义为可触摸、可感知的生命世界的是演义小说，包括《三国演义》和《英烈传》，其中出现了重要的预言师，如诸葛亮和刘基，均刻画细腻，跃然纸上。这又提醒我们数术虽为"小道"，却流布极广，在不同时期不同程度地打破了文化的"高""低"之分。社会各阶层人士都乐于此道，对预测未来的技巧趋之若鹜。

数术通常被称为"小道"。《论语·子张》："虽小道，必有可观者焉，致远恐泥，是以君子不为也。"此一论断将卜卦与其他实用技能都统归于"小道"之下，其对于"君子"的告诫是衡量"正道"与"小道"之分的一个依据。"小道"有时候也与离经叛道相等同，此说见于刘宝楠（1791—1855）的《论语正义》。前引《论语》的段落启发了《汉书·艺文志》中对"小说"的定义。

然而，传统中国儒家士人对孔子的认识较为驳杂，对数术也持不同态度，其间分歧尤可见于关于《易经》的评论。《论语·述而》中，子曰："加我数年，五十以学易，可以无大过矣。"在座各位都知道，关于这一段的意义争辩不断，《鲁论语》中与此版本相异，孔子原话变为"加我数年，五十以学"（让我生命延长几年，好有整整五十年用以治学），对《易经》的指涉或为后人添加。尚有另一种较为可疑的诠释，认为此话意为"再过几年，拜读《易经》的时间就长达五十年"。也有其他资料显示，孔子据说很喜欢《易经》（此说见于《史记》中"韦编三绝"之典，称孔子勤览《易经》，致竹简皮绳散断三次，《汉书》中也有记载）。《汉书·艺文志》认为，孔子为《易经》做注。公元3世纪早期王肃在《孔子家语·好生》中记录了一段逸事：

> 孔子常自筮，其卦得《贲》焉[1]，愀然有不平之状。子张进曰："师闻卜者得《贲》卦，吉也，而夫子之色有不平，何也？"孔子对曰："以其离耶！在《周易》，山下有火谓之《贲》，非正色之卦也。夫质也，黑白宜正焉，今得《贲》，非吾兆也。吾闻丹漆不文，

---

[1]《贲》为第22卦，表示"优雅"。——作者注

白玉不雕,何也?质有余,不受饰故也。"

而关于小道最著名的记载恐出于纪昀,《四库全书》的总纂官。他在"数术"(数术不等于数字学,数经常指代命)一类的提要中说:"百家方技,或有益或无益,而其说久行,理难竟废,故次以数术……亦学问之余事,一技入神,器或寓道,故次以艺术……以上二家,皆小道之可观者。"(我们也可以依据孔子的话阐释如下:数术与艺术"虽小道,必有可观者焉"。)纪昀对占卜术的态度相当复杂,后面还会详谈。[1]

占卜之术人皆用之,愿系统论证者却很少,究其原因,一是"小道"地位低下,其二是因为缺乏冲突:大多数数术并未遭到压制,与中世纪和早期现代欧洲的占卜之术差异明显,这种宽松的状况直到现代才有所变化。没有人属文予以抨击,也没有必要回击以张其军。欧洲情况不同,关于"小道"的争辩不断,诸多"元话语"应运而生;例证之一为瓦伦斯,他撰写了九卷文集,首次将占星

---

[1] 《四库全书》中的"数术"部分采取以下类别:1. 数学之属;2. 占候之属;3. 相宅相墓之属;4. 占卜之属;5. 命书相书之属;6. 阴阳、五行之属。艺术分类:1. 书画之属;2. 琴谱之属;3. 篆刻之属;4. 杂技之属。

学定义为"预测之术"（στοχαστικὴ τέχνη），还有大阿尔伯特，他在论辩文《论命运》中意欲将占星术融入科学正典，另外托马斯·阿奎那（1225—1274）则有《论抽签》（"de Sortibus"）与《星象判断》（"de Iudiciis Astrorum"）等论文，摩尔柏克（Wilhelm von Moerbeke，1215—1286，阿奎那的学生）则用阿奎那的亚里士多德主义来为阿拉伯人发明的一种预测术（在中世纪欧洲称为沙土占卜）加以正名。在中国，除了最近出版的上海博物馆收藏的《卜书》竹简外，我们甚至不清楚阐释甲骨上裂纹的方法。[1] 以下笔者将挖掘传统和现代中国关于小道的言论，以免其衰熄。笔者对中国历史许多时期较为生疏，无法向听众们勾勒复数意义上的"中国传统科学"[the traditional sciences of China，马林·卡利诺夫斯基（Marc Kalinowski）之语]演进的理论；若能说明世界观与生命世界之间摇摆不定的关系就已经足够。这里的整理并不完整，只是撷取重要历史片段。

对数术的态度与对命运的观点不可分离。假如命运不

---

[1] 本竹简由李零校勘，时间可推至公元前350年至前300年，据考证源自楚国。（这是我们所知最早的系统介绍甲骨裂纹预测术的著作，为中国占卜传统提供了关键证据。）

可转捩,则预测殊无意义,充其量只能便于人们适应生命中的重要时刻,如死亡。因此,我们首先要考察何谓"宿命论"。

二、汉文化中的宿命论

宿命论这个观念在《论语》中时有出现。

> 子曰:"道之将行也与?命也。道之将废也与?命也。"(《论语·宪问》)
> 司马牛忧曰:"人皆有兄弟,我独亡。"子夏曰:"商闻之矣:死生有命,富贵在天。"《论语·颜渊》

更多类似引文,可参见傅斯年《性命古训辩证》中的第六章"论语中之性命字"。

命运能统辖人的生命长短及富贵层次(也在某个程度上依赖于生命存续期),这个观点常见于后世对于预测术的大部分见解,有的持肯定态度。

毋庸置疑,汉文化对宿命论最为精深的理论出现于王充的《论衡》。王充对广泛使用的占卜之术及其依靠的符号和物件时有嘲讽,但如先不去管这些,可以看到王充将

"原生命运"(genetic fate)[1]与影响原生命运的偶然条件相结合。"故夫遭遇幸偶，或与命禄并，或与命离。"外在因素，他称之为遭、遇、幸、偶，可能与命运相抵，也可能顺应其势，但不论如何对它们无法预测，更不可能违抗。在王充的世界观中，命运甚至可以影响神谕，并使之归于无效。

对宿命论表达得更为直接的是刘孝标（462—521），他在《辨命论》一文中有如下言论："化而不易，则谓之命。命也者，自天之命也。定于冥兆，终然不变。鬼神莫可预，圣哲不能谋。触山之力无以抗。"[2]

同理，《列子·力命》不认为个人有能力改变命运，寿命、智力水平、社会地位和财富层次这些因素都是命中注定的。值得注意的是魏晋南北朝时期出现了一类重要人士，称为"方士"［其中不少声名持久，如管辂，《三国演义》中称他为"神卜管辂"，吴文雪（Ngo van Xuyet）和肯尼斯·德沃斯基（Kenneth DeWoskin）都曾对他进行过研究］，以及众多宣扬命运前定的论辩文。

政治家、两度入相的李德裕（787—850）深信求雨有

---

[1] Marc Kalinowski, Wang Chong. *Balance des discours:Destin*, *Providence et*, *Divination*, Paris, Les Belles Lettres, CXXXII.
[2] 刘孝标：《辨命论》，见《文选·论四》卷54。

效(若求者诚心),但同时也持有浓烈的宿命论思想:"而命偶时来,盗有名器者,谓祸福出于胸怀,荣枯生于口吻,沛然而安,溢然而笑,曾不知黄雀游于茂林,而挟弹者在其后也。"(《冥数有报论》)

之后,宿命论见解又见于宋代周辉。在《清波杂志》[1]中,他记载道,徽宗曾欲在候选官员中推行八字测命的体系,但有一位大臣回禀说,死生在天,富贵由命,人参不透造化。无独有偶,阿奎那也曾因相似的理由禁止在司法过程中运用占星术,声称上帝意旨深不可测,若欲穿之实为罪恶(出自"de Iudiciis Astrorum")。不过,就我所知,徽宗大臣的言论是中国历史中的异数,占上风的是更为乐观的观点,即人类能够细究自然法则。当然,这番言论也可能是出于保护新晋官员的目的,不过仍然值得思考。

可以看到,相信命运一成不变的宿命论观点与算命行为互相抵触。宿命论的后果就是要么对数术漠不关心,要么直接拒斥。《论衡》中有诸多章节反对除了相学之外的算命之术,可资例证。

当然,反对宿命论并不意味着相信依靠堪舆之术可以帮助我们把握未来,这在《墨子》与《荀子》中都可以找

---

[1] 周辉:《清波杂志》,北京:中华书局,1997年。

到证据。《墨子·非命》从实用主义的角度驳斥了命运的观点，提出相信命运会使人"宿命"而不知进取。《荀子·非相》则基于历史先例反驳了面相之说，提出"相形不如论心"，我们应该注重人的内心，而非外表。

若如是，"正道"是否必然与"小道"相互排斥呢？前引纪昀论数术的序言片段告诉我们，至少在18世纪之前，并非如此。不过，欲论证两者之间是否互相渗透仍然很困难。

三、"正道"与"小道"

南宋时期，正统儒学士人与堪舆术士之间的接触交往方兴未艾，其理论依托可能要追溯至朱熹的思想。朱熹的著述对调和数术与儒家道统具有重要意义，他认为，《易经》基本上是一套占卜体系，因而用至为巧妙的方法将小道融入了士人的宇宙观和伦理体系中去。《朱子语类》就反复强调《易经》的数术渊源。

《朱子语类》[1]卷六十六中便出现下列语句：

---

[1] 《朱子语类》，北京：中华书局，1999年。

易本为卜筮而作。古人淳质，初无文义，故画卦爻以"开物成务"。故曰："夫易，何为而作也？夫易，开物成务，冒天下之道，如斯而已。"此易之大意如此。

易本卜筮之书，后人以为止于卜筮。至王弼用老庄解，后人便只以为理，而不以为卜筮，亦非。

今学者讳言易本为占筮作，须要说做为义理作。若果为义理作时，何不直述一件文字，如中庸大学之书，言义理以晓人？须得画八卦则甚？

爱思周（Joseph Adler）[1]在《易学启蒙》英译本中向我们展示，朱熹将《易经》划分为几个层次（伏羲、文王与儒学），从《语类》中的诸多言论中也可以看出，朱熹认为《易经》经历了一个变化过程，新的段落层叠上去，使原先的文本越来越复杂。《易经》学习者必须要回到其本源，也就是占卜之术。正是通过卜卦，人们才归顺自然法则，卜卦实则是实现宇宙秩序的方式。《易经》需要的是实践，而不是研读。

朱熹不仅重新评价《易经》，对包括占星在内的数术

---

[1] Joseph Adler, *Introduction to the Study of the Classic of Change*. Uta Valley State College, 2002, IVf.

也有不少正面见解。他曾为一本数术手册作序[1]：

> 世以人生年月日时所值支干纳音，推知其人吉凶寿夭穷达者，其术虽若浅近，然学之者，亦往往不能造其精微。盖天地所以生物之机，不越乎阴阳五行而已。其屈伸消息，错综变化，固已不可胜穷，而物之所赋，贤愚贵贱之不同，特昏明厚薄毫厘之差耳，而可易知其说哉。徐君尝为儒，则尝知是说矣。其用志之密微而言之多中也固宜，世之君子，倘一过而问焉，岂惟足以信徐君之术而振业之，以足以知夫得于有生之初者，其赋与分量，固已如是。富贵荣显，固非贪慕所得致；而贫贱祸患，固非巧力所可辞也。直道而行，致命遂志，一变末俗，以复古人忠厚廉耻之余风，则或徐君之助也。虽然，与人子言依于孝，与人臣言依于忠，夭寿固不贰矣，必修身以俟之，乃可以立命，徐君其亦谨其所以言者哉。

透过朱子对"小道"的评价，足可管窥世界观与生活

---

[1] 《赠徐端叔命序》，参见《朱熹集》，成都：四川教育出版社，1996年，卷75，第3920页。

世界之间的冲突。一言以蔽之，朱子之语意在告诉世人：首先要修身养德，适应命中不可逆转之定数，以此为根基，方才可以卜算预测，以求窥见自然法则，理解我们在其中的位置。西方思想史中也有一平行之片段。在大阿尔伯特《论命运》一文中尝试将占星术融于科学。他首先将占星学及相关预测术定义为"不确定的技艺"（artes incertae），又将"因"与"因"所催生的果实划分开来。上帝是第一原因，其次为天体，被狄奥尼索斯称为"神圣序列"的演变过程就显示了这个道理：生命、理智与智慧出于上帝，原初状态下是简单、永恒、不变、非物质的，但一旦落入生命之链（gradus entium），便成为随时间变化的存在，体现出物质的潜能与缺失。故而，天堂中法则谨严，恒久不变，而尘世（也即产生的事物）的规律则受制于无穷变数，在偶然因素影响下动荡更迭。因而，占星家得上天指引，据其"法则"做出预测，但可能由于尘世的复杂而落空或不能完全实现：

> 推测（coniecturatio）基于变动中的符号，因而比之知识（scientia）与意见（opinio），确定性不足。符号普遍而善变，从中无法进行三段论推演，因其大多不包含所指涉的事物，而出自自身，基于符号的判断就会因为许多原因而发生变化，如前所

述。可以得出,星象学家经常说出真相,但最后却未能实现,皆因所言太真,完全依据天体运动的规律(verissimum),而地上事物多变,不循天体定规。

可见,虽然朱熹对亚里士多德及其"因""符号""可变性"这些概念一无所知,但对"小道"的评价与"不确定的技艺"之说殊途同归。

朱熹所言是试图调和两种相异的观点还是仅仅在同一篇文字中同时展现世界观与生命世界呢?很难下定论。早在朱熹之前一个世纪,王安石(1021—1086)就已经求术士测算自己与家人的前程,成为政治家后,却开始指责儒士越来越多地汲汲名利。此种现象同样难以定义。[1]

朱熹的《赠徐师表序》其中有一段恰可以资佐证:

> 南浦徐君师表论五行精极。建安今年新进士数人,大抵皆其所尝称许,序引具存,可覆视也。一日见予屏山之下,因以所知十余人者,验之寿夭穷达之间,中者八九,以是知诸君之誉徐君也不为妄……将

---

[1] 参见 Liao Hsien-huei(廖咸惠),"Exploring Weal and Woe: The Song Elite's Mantic Beliefs and Practices." *T'oung Pao* 91, pp. 347–395。

行,求予言以赠,予惟人之所赋薄厚淹速,有不可易者如此,而学士大夫犹欲以智力求之。至于义理之所当为,君子所不谓命,则又未闻其有必为者,何哉?[1]

晚近学者中,刘祥光[2]强调科举考试制度影响了士人的态度,使他们对占卜术日益接受。考场竞争激烈,士人患得患失,求神问卦就变得非常普遍(也可参看艾尔曼的《科举考试文化史》中对考试中奇异事件的研究,以及他在研究中参照的《科场异闻录》)。廖咸惠则考察了相异且有所冲突的世界观之所以能共存的思想前提。文天祥(1236—1282)之例可谓典型,并无出格之处:年轻时,他对儒学经典与占卜术著作都涉猎颇深。由于天生好奇,他便开始测试数术与儒学有关宇宙学和命运的主流观念之间是否能够兼容。他曾发现数术固有的缺陷(例如星象日历的方法),但从未否定预测的可能性。尽管如此,他还是对根据出生日期排盘推测的体系,即八字体系,心存强烈疑虑,也表达过对这项传播最为广泛的命运测算术的态度。据他统计,如果考虑八字中的所有变量(干支、五行等),

---

1 《朱熹集》,第 3939 页,第 1169 页。
2 刘祥光:《宋代日常生活中的卜算与鬼怪》,2013 年。

总共有 518400 种不同八字组合。接下来,他统计了 9 个省份的人口,发现在 1400 万—1800 万,这还不包括遁匿于天地之间无法计算的人口。据此,他认为必然有很多人拥有同样的八字,但命运截然不同。[1]

与此同时,文天祥十分推崇《白顾山人秘传书》。据他所言,这本书提出了一套精细的预测个体命运的方法,以十天干与十二地支交叉排列的关系和五行流转为基础。这本书可以将预测的误差率从百分之二三十降低到百分之二三。[2]

对"小道"的研究是否对世界观有任何影响?这个问题很难回答,至 11 世纪儒家的宇宙观已经基本形成,而其根基与"小道"多有重合,也因此产生了"中国与西方之宇宙观上的鸿沟"(牟复礼语)。可以说,虽然许多术士对占卜术的惊人结果表示着迷,却避谈其后果。假如我们赞同卡利诺夫斯基的说法,认为数术是"传统中国的复数意义上的科学",那也可以想见赞同与反对数术的论辩都以科学为基调。关于八字排盘,有些官员对文天祥的论点加以展开。

宋濂(1310—1381)在《禄命辨》中这样表示:

---

1 《全宋文》,上海:上海辞书出版社,第三五九册—第三六〇册,卷 8314,第 17 页,《又赠朱斗南序》。
2 参见廖咸惠前引书。

以甲子干枝推人所生岁月，展转相配，其数极于七百二十，以七百二十之年月，加之七百二十之日时，其数终于五十一万八千四百。夫以天下之广、兆民之众，林林而生者不可以数计。日有十二时，未必一时惟生一人也。以此观之，同时而生者不少，何其吉凶之不相同哉！吕才有云："长平坑卒，未闻共犯三刑；南阳贵士，何必俱当六合？"诚足以破其舛戾矣。三命之说，予不能尽信者此也。(《宋学士文集》卷十六)

张维屏（1780—1859）则提出了一个历史的论点，认为谈星命者，都非常荒谬，干不过是干也，支不过是枝也，和人没有关系，牵强附会，非常荒谬。在《原命篇》中他反驳道："推年月日，始于唐之李虚中；推年月日时，始于宋之徐子平。干支何所昉乎？昉于唐尧之元载，《通鉴前编》本经世历定为甲辰，《竹书纪年》则以为丙子，《路史》则以为戊寅，《山堂考索》则以为癸未。是则今所据之干支，其为此干支与否，亦尚未可知也，而谓人之命在是，噫，其惑也！"[1]这段话自然有切中要害的地方。

---

1 柴萼：《梵天庐丛录》，北京：故宫出版社，2013年。

士人和"小道"中人有所沟通后,也会从术士那里听到一些前所未闻的见解。《谈命辩》中,童轩(1425—1498)所举两例似乎显示了对命理的矛盾心理。首先,他对两位八字相同的儒生的科举成绩与仕途进行比较。儒生 A 县试中获 59 名,B 第一年失败后,次年排名 59。两人又都通过省试,A 排名 54,B 排名 56。两人仕途不同,但都很成功。然而,A 四十几岁就去世了,B 活到了 82 岁。童轩的结论是:"此非数术之所能知也。"那么,我们怎么来看待这个言论呢?且看童轩本人如何解释。他记录了自己与一个卜卦师的谈话:

> 余问:"后来不同何耶?"术士曰:"地有南北故耳。"余因举高、李皆南直隶人,单、王皆江西人。问之,术士曰:"虽生居一乡一里间,亦有南北,矧王畿千里与一省乎?"余又问:"人家有孪生二子,同出一母,此不可以南北分也,然亦有贫富寿夭不同,何耶?"术士曰:"往往为先生者夺其元气,故先生者富,后生者贫。先生者寿,后生者夭。又当以此论也。"余曰:"周有八士,四乳八子皆贤,此又何耶?"术士语塞。(《明文海》卷一一)

综合上述几个文本，可以发现我前面提到的摇摆，也就是相信与怀疑之间脆弱的平衡，生命世界和世界观的隔离与调和，特别是在宋代知识阶层和术士之间多有往来的过程中，二者的社会文化距离得以拉近。

明清学者希望能使算命术各个分散的部分更成体系，此高远目标刺激了梦境阐释与性格剖析，增加了这个学问在学林人士中的接受程度。此时，命理著述丰富，但还没有形成统一的体系。代表论述包括陈士元的《梦占逸旨》（1562），何栋如的《梦林玄解》（1636），张凤翼的《梦占类考》，以及周亮工的《字触》（1667）。以上所列著作都有丰赡而不成体系的特征。

四、理性还是迷信？——纪昀的《阅微草堂笔记》

《阅微草堂笔记》[1]为纪昀所著，是中国著名的笔记小说，大多用白话，鲁迅对其评价称"隽思妙语，时足解颐"（鲁迅《中国小说史略》），晚近又借电视连续剧《铁齿铜牙

---

[1] 《阅微草堂笔记》白话全本，纪昀著，邵海清等译，上海：上海古籍出版社，2014年。本文中引用《阅微草堂笔记》皆注明原著的卷以及该白话全本的页码。

纪晓岚》增加了知名度。同时,纪昀也备受西方学界的关注,作品已经译成不少语言,尽管尚未有完整的译本。不同翻译各有侧重:比如意大利语的译本[1]强调社会的不公正;而中英对照译本[2]则特别挑选了狐鬼神怪故事,一本相当详细的德文译本则把纪昀视为中国启蒙的代表。[3]即便是当前最出色的英译本也只是把这本书看作"纪晓岚眼里盛清时代的真实生活"[4],从研究上讲最准确的翻译[5]根据书中的人物的远近关系把笔记进行了排序(如亲戚、同事、邻居等)。下面我们只是对与占卜和扶乩有关的文字做个探讨,因为这有助于理解某些今天通常被称作迷信的现象,对所谓的"正道"和"小道"之间错综复杂的关系进行更深入的剖析。

纪昀认为命是可以测算的:"杨主事懿……,相法及

---

1 *Note scritte nello studio Yuewei*, a cura [e trad.] di Edi Bozza, Torino, Bollati Boringhieri, 1992.

2 《纪晓岚志怪故事选》(中英文版),孙海晨编译,北京:新世界出版社,1998年。

3 Ji Yun, *Pinselnotizen aus der Strohhütte der Betrachtung des Großen im Kleinen*, übertragen von Konrad Herrmann, Leipzig/Weimar, Gustav Kiepenheuer, 1983.

4 *Real Life in China at the Height of the Empire Revealed by the Ghosts of Ji Xiaolan*, edited and translated by David E. Pollard, Hong Kong, Chinese University Press, 2015.

5 *Chi Yün, Shadows in a Chinese Landscape. The Notes of a Confucian Scholar*, edited and translated by David L. Keenan, London/New York, Routledge, 2015.

推算八字五星，皆有验。"[1] 只不过有些预言中的玄机，并非立刻能够领悟，但这不影响其准确性。如"姚安公未第时，遇扶乩者，问有无功名，判曰：'前程万里。'又问登第当在何年，判曰：'登第却须候一万年。'意谓或当由别途进身。及癸巳万寿科登第，方悟万年之说"[2]。纪昀的评断允执厥中，既表示预言会应验，又加以一定限制："但地师所学必不精，又或缘以为奸利，所言尤不足据，不宜溺信之耳。若其凿然有验者，固未可污也。"[3] 特别需要指出的是，这里的"溺信"是一个远远早于"迷信"的概念，但比"迷信"更为准确。"溺"指"淹没"，是一种病态的嗜好，过分而无节制。我们注意到，纪昀基于自身经历，接受"验"的道理。以下一例，与术士占卜虽没有直接的联系，但也反映了纪昀将信将疑的心态：两个扮作煞神的盗贼前后而入，都以为对方是真煞神，双双惊慌失措而倒地，最后被外出回家的主人捆绑送官。讲述完这个令人发笑的故事后，纪昀又写道："据此一事，回煞之说当妄矣。然回煞形迹，余实屡目睹之。鬼神茫昧，究不知其如何也。"[4] 纪昀的特点是

---

1 《阅微草堂笔记》卷8，第207页。
2 《阅微草堂笔记》卷4，第73—74页。
3 《阅微草堂笔记》卷12，第334—335页。
4 《阅微草堂笔记》卷5，第113页。

对每个案例持审慎和怀疑的态度，晚年尤甚。

纪昀也评点过看似错误，最终证明正确的预言："董文恪公（董邦达，1699—1769）为少司空时，云昔在富阳村居，有村叟坐邻家，闻读书声，曰：'贵人也，请相见。'谛观再四，又问八字干支，沉思良久，曰：'君命相皆一品……'"[1] 接着，他开始列举董邦达将要经历的仕途升迁，且为每次升迁注明年份。算命老人举出的官职都在省行政级别范围内，但董邦达实际上在朝廷内任学士，最后职位并非算命师所预言的巡抚，而是工部侍郎。不过，虽然算命老人将任职范围弄错，但对升迁的幅度预测准确，年份也很精确（调署大县—庶吉士，实授—编修，通判—中允，知府—侍读学士，布政使—内阁学士，巡抚—工部侍郎）。因此，在命是可以测算的同时，算命中产生的问题也可以归咎于算命人士有限的知识、方法使用不当，或计算失误等原因。

作为大学士，纪昀自然对占卜中和文字联系紧密的形式"扶乩"特别感兴趣。这方面的故事他收录最多，并且加以详细解释和概括："大抵幻术多手法捷巧，惟扶乩一事，则确有所凭附，然皆灵鬼之能文者耳。所称某神某仙，

---

[1] 《阅微草堂笔记》卷2，第24页。

固属假托,即自称某代某人者,叩以本集中诗文,亦多云年远忘记,不能答也。其扶乩之人,遇能书者则书工,遇能诗者则诗工,遇全不能诗能书者,则虽成篇而迟钝。……所谓鬼不自灵,待人而灵也。蓍龟本枯草朽甲,而能知吉凶,亦待人而灵耳。"[1] 他在扶乩和扶乩请仙之间窥见了人与鬼神之间的关系,"鬼不自灵,待人而灵",也就是借助人的精神,才能运动。这样,他并不否定鬼神的存在,但把鬼神的作用归因于人。纪昀虽然没有明确使用感应的概念,但是我们可以从他的表述中得出结论,是人发出"感",鬼神予以"应",予以回复。在他看来,这也是总体上理解占卜的方法,所谓"蓍龟本枯草朽甲",蓍本为枯朽的草芥,龟本为腐朽的甲壳,它们能够预知凶吉,也是人的力量。这样我们对谕示为什么灵验,就有了一个具体的设想。纪昀多次以不同的形式来解释占卜何以灵验:"盖祸福将萌,气机先动,非常之兆,理不虚来,第为休为咎,不能预测耳。先兄晴湖则曰:'人知兆发于鬼神,而人事应之;不知实兆发于人事,而鬼神应之。亦未始不可预测也。'"[2] 在他看来,人只是错误地认为,先兆来自鬼神,实际上正

---

1 《阅微草堂笔记》卷 4,第 73—74 页。
2 《阅微草堂笔记》卷 6,第 131—132 页。

好相反，预测的前提也正在于这个逆转。纪昀尽管没有特别说明，但我们可以猜测，尽管先兆源自于人，人也需要借助鬼神的回应和帮助，不能脱离鬼神而自足，成功做出预言。类似的例子还有："盖精神所动，鬼神通之。气机所萌，形象兆之。与揲蓍灼龟，事同一理，似神异而非神异也。"[1] "形象"是"气机"的结果，而又是鬼神，在人的精神发动后，能够相通。所以纪昀对于预测为什么灵验，提出了一个系统的说法，其根基为人神的交互作用。"此见神理分明，毫厘不爽，乘除进退，恒合数世而计之。勿以偶然不验，遂谓天道无知也。"[2] 而对某些预测没有应验的情况，纪昀和西方中世纪学者有着惊人相似的看法。

纪昀举了蒙古人用羊骨头占卜，或者回人看杏核排列的例子，展示了人与鬼神的关联，从而解释了为什么谕示奏效："疑其法如《火珠林》钱卜也。是与蓍龟虽不同，然以骨取象者，龟之变；以物取数者，蓍之变。其借人精神以有灵，理则一耳。"[3] 在他看来，这些物件只是龟甲和蓍草的变种，依靠人的精神感应而灵验，原理并无不同。《火珠

---

[1] 《阅微草堂笔记》卷7，第154页。
[2] 《阅微草堂笔记》卷15，第448页。
[3] 《阅微草堂笔记》卷17，第510页。

林》在《永乐大典》中有所记载,可见纪昀经常把"汉族的"和"外族的"卜技加以对比。

但纪昀也注意到人神感应有时无法奏效,显示了其思想中富于质疑精神的一面。一个人在犹豫不决中向神灵祈求答案:"疑不能决,乞签于神。举筒屡摇,签不出;奋力再摇,签乃全出,是神亦不能决也。"[1]

在纪昀看来,一个谕示一般来讲都得严肃对待,没有理由,不能无视这警示的危险。如果一个术士能在谈笑之间,把严嵩置于死地,那么他同样也能排挤清官名士:"故乩仙之术,士大夫偶然游戏,倡和诗词,等诸观剧则可;若借卜吉凶,君子当怖其卒也。"[2] 这也显示了他作为朝廷命官的态度。这个想法是否影响他对于命运的看法呢?命运是前定的还是受到人的影响?对这个问题的回答非常复杂。初看感觉纪昀认为命运是前定的:"事皆前定,岂不信然。"[3] 在此他甚至以自己的几个经历为例。这种凡事命里注定的规律甚至体现在琐碎小事上:"术皆前定,故鬼神可以前知。然有其事尚未发萌,其人尚未举念,又非吉凶祸福

---

[1] 《阅微草堂笔记》卷16,第469页。
[2] 《阅微草堂笔记》卷11,第289页。
[3] 《阅微草堂笔记》卷1,第17—18页。

之所关,因果报应之所系,游戏琐屑至不足道,断非冥籍所能预注者,而亦往往能前知。"[1]还有一段关于子平命学和堪舆学派区别的幽默表述也说明了同样的道理:"余尝问以子平家谓命有定,堪舆家谓命可移,究谁为是?对曰:'能得吉地即是命,误葬凶地亦是命,其理一也。'斯言可谓得其通矣。"[2]他还询问了在推算八字和相术方面都相当精通的杨馥,可见对子平学派持肯定的态度。这种命有定数的说法,也具有道德教化的作用,类似警示,告诉人们他们的恐惧(不仅仅是直接的祸福)都并非偶然,而是一种必然。"此乩仙预告未来,其语皆验,可使人知无关祸福之惊恐,与无心聚散之踪迹,皆非偶然,亦足消趋避之机械矣"[3],这样可以消除人们趋福避祸的侥幸心态。

而下面的例子,用与冥司对答的方式展开,给人的印象则是人可以与命运协商,似乎和上面表述的命定观有所矛盾:

问:"定数可移乎?"曰:"可。大善则移,大恶

---

[1] 《阅微草堂笔记》卷24,第666—667页。
[2] 《阅微草堂笔记》卷8,第207页。
[3] 《阅微草堂笔记》卷19,第588—589页。

则移。"问:"孰定之,孰移之?"曰:"其人自定自移,鬼神无权也。"[1]

也许冥司携带教化的目的,在鼓励提问人把命运掌握在自己手中;也许是说特别极端的命造,其严重后果可以想办法避免,实现一定的平衡。总之,没有一锤定音的答案,就像纪昀在同一个例子中谈到报应的不可知,而同时又偶尔可知。

安于命运,这是一个在纪昀著述中常见的主题,他也特别注意这个主题的道德功能。借"李公遇仙"这则故事中的道士之口,纪昀表示:"一身之穷达当安命,不安命则奔竞排轧,无所不至。"[2] 但是特别有意思的是,他指出天地的降生人才,朝廷的设置官员,则应有另外一种态度:"至国计民生之利害,则不可言命。天地之生才,朝廷之设官,所以补救气数也。身握事权,束手而委命,天地何必生此才,朝廷何必设此官乎?"[3] 有别于个人,这一段显然把团体——此处即为国家——的命运排除在可测范围之

---

[1] 《阅微草堂笔记》卷2,第45—46页。
[2] 《阅微草堂笔记》卷1,第4—5页。
[3] 同上。

外,不然天地——同时也指朝廷——在某种意义上就沦为冗余。天地和朝廷的任务显然就是和先决的个人命运相抗衡,而这又与圣贤"知其不可为,而为之"的态度相吻合。把"天"和"朝廷"相提并论还可以参考另一个出处:"天之祸福,不犹君之赏罚乎?鬼神之鉴察,不犹官吏之详议乎?"[1]

纪昀也注意到古今区别,指出预测的繁荣时代已经逝去:"刘文正公曰:'卜地见书,卜日见礼,苟无吉凶,圣人何卜?但恐非今术士所知耳。'斯持平之论矣。"[2] 圣人为什么要占卜,不是当今的术士所能了解的。而且数术多通过口头流传,难免逐渐消失的命运:"奇门遁甲之书,所在多有,然皆非真传。真传不过口诀数语,不著诸纸墨也……愿学者不可传,可传者不愿学,此术其终绝矣。"[3]

综上,纪昀对所谓的奇闻逸事做了深入研究,如果我们用所谓的"理性"与"迷信"的二分来对他的思想进行简单的定义,就会剥夺其内涵。纪昀并非猎奇者,《笔记》也并不只是茶余饭后的消遣,他自己有意与《聊斋志

---

1 《阅微草堂笔记》卷1,第22页。
2 同上。
3 《阅微草堂笔记》卷8,第119页。

异》划清界限，曾经说："《聊斋志异》盛行一时，然才子之笔，非著书者之笔也。"[1] 而他自己显然是"著书者之笔"，讲究的是如实记录所见所闻。他的著述理据例证充足，谨言慎思，论述严密。换言之，身为大学士，纪昀用了大量的理性手段来考察我们今天视为"非理性的"现象。他的思考无法简单归入一个现代范畴。这也提醒我们在运用现代的概念时，要谨慎行事。

五、"小道"在近现代的失落

截至19世纪下半叶，传统宇宙观和世界观已经逐渐被各种对西方科学的认识所取代。新的世界观必须要建立。那么，丢失了存在根据，被釜底抽薪，"小道"的遭遇又如何呢？我的见解是，世界观与生命世界之间的鸿沟在传统中国一直没有被填平，此时又进一步拉大，呈现分裂的状态。

科学与小道之间的距离加大，可以从严复的例子看出，严复（1853—1921）常被奉为中国现代转型鼻祖，他向中国读者译介了孟德斯鸠、穆尔、斯密、赫胥黎、斯宾塞以及许多其他西方思想家的著作。但一个不太为人所知

---

[1] 《阅微草堂笔记》前言，第2页。

的事实是（至少我没有在任何传记中看到有人提起此事），严复经常研习《易经》。我们可以参考一下他1911年的日记："占财，大有。寅木财爻极旺，虽空不空。世爻暗动，巳官生之，寅爻克之。此富贵逼人之卦也，断其必得。"[1] 在日记中，严复常常不提及卜卦后来的结果，在此例中他说："后果于甲寅实空之日得之。"在其他日记内容中，严复向一位官员询问其职务、他兄弟们的病情、住宅所选方位、墓地风水、婚姻状况和旅程安排。我还找到了严复用来理解六爻的手册，是1690年出版的《增删卜易》[2]。

19世纪末之前的几代革新人士并没有将西学与传统数术相对立。旅行或婚礼要选择吉日，解决紧急问题的时候会回到《易经》，科举前会求神问卦，会使用符咒辟邪，会根据面相特征判断官职候选人，这些做法都仍然很常见。与当今中国学者所言不同，这些做法并不局限于"民俗"领域，而被知识精英所大量采纳。

然而，西学与数术之间并无中介与沟通。一方面在日常生活中求神问卦，另一方面热情地传播和运用新知

---

1 朗宓榭、李帆：《近代中国知识转型视野下的"命学"》，《社会科学》2012年第6期，第147—154页。
2 野鹤老人：《增删卜易》，新近的一个版本由山东大学周易中心出版，1994年。

识，两者在中国历史上向来并行不悖，本也可以继续，不过西学积淀日深，影响日强。海因茨·基茨泰纳（Heinz D. Kittsteiner）在论著《现代意识的崛起》[1]中已经论证，在18世纪的欧洲，学者和普通人都深受自然法则的感染，对良知及其在社会中的作用的看法也发生了持续的变化。同理，随着西方科学的传入，中国的一些宗教传统也逐渐变成"迷信"（superstition）而遭受排斥。在由拉丁语和英语延伸而来的现代语言里，"迷信"的概念在词源上表示旧信仰的残余，有点类似罗马历史学家所说的"余留"的意思。基督教在欧洲兴起之后，"迷信"就开始表示古典时期的信仰，后来逐渐开始指涉所有非基督教的宗教。接着，德语中也出现了拉丁语词 *Aberglaube*，其基本意义为"逆向信仰"。中文里的"迷信"字面上的意思是"受了迷惑、迷失了方向的信仰"，借自日语。虽然在儒家典籍中出现过两次，但都是作为动词（指"错误地将信念付诸现实"）。我们也应该记住，在东亚语境下，"信仰"是一个现代观念，受一神教的影响至深，与魔法、鬼魂与占卜所需要的"信"不相协调。

另外，传统生命世界受到的挑战也增多了。陈独秀

---

[1] Heinz D. Kittsteiner, *Die Entstehung des modernen Gewissens*, 1995.

（1879—1942）曾经说过：

> 士不知科学，故袭阴阳家符瑞五行之说，惑世诬民，地气风水之谈，乞灵枯骨。农不知科学，故无择种去虫之术。工不知科学，故货弃于地，战斗生事之所需，一一仰给于异国。商不知科学，故惟识囤取近利，未来之胜算，无容心焉。医不知科学，既不解人身之构造，复不事药性之分析，菌毒传染，更无闻焉；惟知附会五行生克寒热阴阳之说，袭古方以投药饵，其术殆与矢人同科；其想象之最神奇者，莫如"气"之一说，其说且通于力士羽流之术，试遍索宇宙间，诚不知此"气"之果为何物也！[1]

尽管如此，预测术作为传统文化基石，也不是全然无助。清末民初一位精通预测术的著名学士曾为之辩护，其论辩的主要过程我来做一下简单介绍。

袁树珊（1881—1952）与韦千里（1911—1988）、徐乐吾（1886—1949）齐名，同为传统命理界的"三大巨擘"。袁出生于江苏省的一个"儒医"家庭。父亲袁开昌

---

[1] 原载《青年杂志》1卷1号，1915年9月15日。

以博学著称，深谙经术，并旁通诸子百家。袁树珊篇幅最长的作品《中国历代卜人传》（1948）就是出自其父之手，他一直声称自己只是为这本巨作做了注释。袁树珊先在北京大学求学，之后远赴日本，研习社会学。回到镇江之后，他开始以医为业，兼以算命卜卦。在他看来，命学的存续不再依赖于"学之精粗纯驳"，他所面对的是关乎"命学存废"的危急关头。正是从这个立场出发，袁树珊撰写了一系列与预测术相关的专著，所涵盖领域非古时术士可想象，仿佛作者意识到若要为命理辩护，必先进行整合。袁树珊称，西学对国粹发起的冲击只能以如下的三个原则来进行抵御："在袁树珊看来，要找到命学在新时代继续生存的依据，首先是……回归传统，完善命理学，以示与一般江湖数术有别。其次是强调其科学性，或者至少是与科学的相通性。再次是西方也有类似的知识系统，但相比之下，中国的更完备和悠久，甚至可以说是西方命学的源。"[1] 毋庸置疑，尽管他在整合传统"小道"上成就卓著（与明末清初士人对分析及阐释性格及梦境的资料做全面整理如出一辙），尽管展现了包括面相学、星象、六爻

---

[1] 参见《另类的科学：民国时期的中国传统相术与西学》，《朗宓榭汉学文集》，上海：复旦大学出版社，2013年，第267页。

卜卦在内各种数术的系统性（即科学性），他却完全没能在当代西方找到对应物。他唯一能找到的只有臭名昭著的凯瑟琳·布莱克福德（Katherine Blackford）所提出的颅相学，20世纪初曾风行一时，但名声可疑。不过他也总算是知其不可为而为之了。

六、小 结

和许多其他科学技术一样，命理和数术被认为是"小道"的一种，也是人们生命世界中不可或缺的一部分。从宋朝开始（也许更早），因为世俗成功的压力，许多儒生对预测术产生了浓厚的兴趣。儒家宇宙观与预测体系在对世界的认识上并无冲突，但关乎道德行为的时候却产生了分歧。儒家认为命运是道德挑战，必须拒斥命定论。我们也可以看到，士人与代表"小道"的术士若有交叉，便会产生许多好奇、向往与探究。然而，对预测术肯定与怀疑的评价总是与正统学问共存的，调和两者的努力一般都基于《易经》作为哲学和预测术的双重身份，并不多，也不具备说服力。在我看来，这道鸿沟之所以存在，是因为缺乏对知识的系统定义。传统中国并没有出现一个大阿尔伯特，没有人试图创造一个统一的科学观。大多数中国士人关于"小道"的评价都基于零散的逸事,他们的意见与纪昀的说法并无二致:他认为百家方技"其说久行,理难竟废"(《四库全书总目提要·子部总叙》),这等于说,百家方技只不过在实践中证明是成功的,至少在一定程度上。这样方技就继续被禁锢在生命世界中,借用内森·思文的睿智的表述,可以说它们仍然是"复数意义上的科学,而不称其为一门科学"(内森·思文语,原文是"sciences, not science")。但是,从另一个角度来说,我们可以将"小道"这个百科全书似的构架视为另一种意义上的对知识的定义。对"小道"现象加以整理累积,并进行高低排序的确是对其予以重视的一种方式,也反映了预测术中所包含的世界观,但还远没有体现预测术在生命世界中的真正意义。

(本文是作者为普林斯顿大学第九届牟复礼纪念讲座所做的演讲,金雯译)

再论谢和耐的《中国与基督教》

谢和耐（Jacques Gernet, 1921— ）是当代著名的法国汉学家、历史学家和社会学家，为法兰西学院教授和名誉教授，法国金石和美文学科学院院士。在 1982 年适值利玛窦入华 400 周年（1582—1982）之际，他推出了《中国与基督教》一书，在学术界引起了很大的轰动，相继被译成 10 余种文字，包括中文。该书最早由于硕、红涛和东方从英文版译成中文，书名为《中国文化与基督教的冲撞》，1989 年在辽宁人民出版社出版。两年之后，耿昇从法文原版译出，题为《中国和基督教：中国和欧洲文化之比较》，并于上海古籍出版社出版。1991 年该书的法语修订版面世，在此基础上，2002 年上海古籍出版社又推出了耿昇的修订译本，并收入了谢和耐多篇捍卫此书的文章，其书名也做了相应的调整:《中国与基督教：中西文化的首次撞击》。而拙文因在复旦大学做中文讲座的需要，所参照的是耿昇

2013年在商务印书馆出版的最新修订本[1]，在此谨表感谢。但本文事出则有他因：2012年谢和耐的《中国与基督教》一书，在德国经《华裔学志》丛书的主编马雷凯（Roman Malek）的精心校订后在圣言会出版社（Steyler Verlag）再版，除了增加了索引等外，还修订了1984年德文译本的部分译文，特别是收录了一些重要的书评，这些书评观点不同，各有褒贬，其实也概括了谢和耐一书的成就和某些不足之处。正如马雷凯神父在他的序言中写道："这本书的再版，旨在对基督教在中国的传教史的研究发出新一轮的邀请。"[2]

在该书再版之际，我应《华裔学志》丛书的邀请为该书的首发式做一个主旨演讲，这也促使我对《中国与基督教》一书，做一个马雷凯神父的邀请意义上的新的审视。其实，我本人和谢和耐颇有渊源。我生平的第一篇书评，就是评论《中国与基督教》一书，发表于慕尼黑汉学家梅儒佩（Rupprecht Mayer）主编的杂志《中国杂记》（*China*

---

[1] 谢和耐著：《中国与基督教：中西文化的首次撞击》，耿昇译，北京：商务印书馆，2013年。（为了引文方便，概用"谢和耐2013"）

[2] Jacques Gernet: *Die Begegnung Chinas mit dem Christentum*, Neue, durchgesehene Ausgabe. mit Nachträgen und Index, herausgegeben von Roman Malek, Sankt Augustin 2012（为了引文方便，概用"谢和耐2012"）.

Blätter)。由于熟稔法语,我一直跟踪法国的汉学研究动态,并阅读了大量法语出版物。1990年到1991年,我有幸参加谢和耐在法兰西学院领导的中国科学史研究组的项目工作,每周一次的碰面会、多次去巴黎郊外野游的邀请,让我有机会了解他的研究方式、思维方式和世界观,这使我受益匪浅。

《中国与基督教》没有把重点放在基督教在中国的传播过程上,并没有采取一个传教史的取向,而主要是叙述中国人对基督教的态度和反应,致力于中西文化冲撞的研究。全书分为五章:《由同情到敌视》《宗教态度与同化现象》《宗教和政治》《中国人的伦理和基督徒的伦理》《中国人的天,基督徒的上帝》。我将在今天的报告中对每个章节谈论我个人的一些看法。

马雷凯认为,《中国与基督教》一书于1982年的出版,"改变了基督教在中国的历史学研究领域的视角"。他甚至借用柯文(Paul A.Cohen)的概念,把这称为"范式的改变"(谢和耐2012,第xi页)。如果我们回顾一下该书发表前的情况,就会发现,基督教史几乎完全掌握在传教史专家的手里,而他们使用的原始资料则是传教士用西文撰写的,所以"西方中心主义的视角"或多或少也在所难免(谢和耐2012,第xi页)。无疑,在这个研究的过程中也产生了重要的著作,但是,中国人的看法和意见,没有得到体现。反之,当时的汉学家对在华传教史则普遍兴趣不大,除了柯文1961,后藤基巳1979,道格拉斯·兰开夏(Douglas Lancashire)1968,克里斯托弗·斯帕拉廷(Christopher Spalatin)1975,许理和(Erik Zürcher)1971[1]之外,这方面的出版物寥寥无几。而在传教史专家中,只有个别极为博学者精通中文,但他们大多从事传教士的中文著作的研究,如裴化行(Henri Bernard Maitre)在1935年到1945年间以及荣振华(Joseph Dehergne)所从事的研究。我认为,只有在谢和耐的《中国与基督教》出版后,

---

[1] Paul A. Cohen: "The Anti-Christian Tradition in China"(《在中国的辟基督教传统》), *Journal of Asian Studies XX*(1961)2, pp. 169-180. 后藤基巳: "Evolution of the Decalogue in China-A Study on History of Chinese Christian Ideologies"(《十诫在中国的发展——对中国基督教教义的历史的探索》), *Memoirs of the Research Department of the Tōyō Bunkō XXXVII*, Tokyo 1979, pp. 1-31, MinShin Shisō to kirisuto kyō, Tokyo: Kenkyū shuppan, 1979. D. Lancashire: "Buddhist Reaction to Christianity in Late Ming China"(《晚明佛教对基督教的反应》), *Journal of the Oriental Society of Australia VI*(1968-1969)1-2, pp.82-103。Christopher A. Spalatin: *Matteo Ricci's Use of Epictetus*(《利玛窦对古罗马斯多葛学派哲学家爱比克泰德的应用》), Waegwan, Korea(Pontificia Universitatis Gregoriana, Roma), 1975. Erik Zürcher: "The First Anti-Christian Movement in China(Nanjing, 1616-1621)"(《中国首次反基督教运动,南京1616—1621》), in *Acta Orientalia Neerlandica: Proceedings of the Congress of the Dutch Oriental Society, Held in Leiden on the Occasion of Its 50th Anniversary, 8th-9th May 1970*, P.W. Pestman ed., Leiden: Brill, 1971, pp. 188-195.

中国人的看法和意见，才在传教史的研究中找到一席之地。同时他的书也催生了一系列相关著作的出版，加深了有关问题的探讨，如杨定一1980，史景迁1984，孟德卫1989[1]以及其他著作。可见《中国与基督教》一书影响力之大。

书的第一章描述了中国人从同情、有好感到拒绝、敌视的态度的转变。杜鼎克（Adriaan Dudink）在晚于谢和耐几年后，证明中国士人对第一代耶稣会传教士确实是怀抱好感，十分友善的。他统计了中国士人为传教士的中文发表物所作的序。统计表明，序的数量随着时间的推移迅速减少。可见谢和耐"从同情到敌视"的观点是完全站得住脚的。最初的传教策略在于向精英阶层传教，最后达到让皇帝归化基督的目的（完全根据"Cuius regio, eius religio"的原则）。当然我们可以声称这儿或者那儿传教是"失败的"，但是我们也不应该忘记，被满族驱赶到南方的明朝王室的情况。在南明永历小朝廷里，大部分人是归化基督的，太后和太子们都接受了洗礼。艾儒略（1582—1649）

---

[1] John D. Young（杨定一）: *East-West Synthesis: Matteo Ricci and Confucianism*（《东西融合：利玛窦与儒学》）. Hong Kong: The University Press, 1980.
Jonathan D. Spence（史景迁）: *The Memory Palace of Matteo Ricci*（《利玛窦的记忆之宫》）, New York: Elisabeth Sifton Books/Viking, 1984. David E. Mungello（孟德卫）: *Curious Land: Jesuit Accommodation and the Origins of Sinology*（《奇异之国：耶稣会士的同化及汉学的起源》）, University of Hawaii, 1989.

在传教方法上的彻底转变,也提醒我们不能认为传教的彻底"失败"。艾儒略在杭州时撰写的博学的论文如《职方外纪》,是面对知识阶层的。而若干年之后,在福建,他则注意到当地笃信奇迹的宗教热情,他就把这些结合到他的布道策略中,取得了令人瞩目的成果。[1] 此外,我还要特别提到利玛窦用中文撰写的《交友论》,这并非他的原创,而是一部由上百则西方道德格言组成的、经他修改润色的书籍,这部书在文人圈子里获得了意想不到的成功,一版再版,并被收入《四库全书》,渐渐融入中国思想和伦理的宝库,获得了永久的历史地位。《交友论》可以说是正中士人阶层生活观的要害,对友谊的崇拜和向往,这可谓是周绍明(Joseph McDermott)说的"友谊的朋友"[2]。而且这本书也让他们相信,在泰西也有视友谊如生命的智者,"孝子继父之所交友,如承受父之产业矣"(参见《交友论》)。这样的话怎么可能不打动当时的士人呢?可见,第一批传教士持着一心向化、顺势亲善的态度,寻找的是共同点;他们追求

---

[1] Tiziana Lipiello, Roman Malek (eds.): "Scholar from the West: Giulio Aleni S.J. (1582-1649) and the Dialogue Between Christianity and China", Nettetal 1997, Monumenta Serica Monograph Series, 42.

[2] Joseph McDermott: "Friendship and its Friends in the Late Ming"(《晚明友谊及其朋友》), in *Family Process and Political Process in Modern Chinese History*, Institute of Modern History, Academia Sinica, Taipei 1992, pp.67-96.

的不是和儒家传统的决裂，相反走的是中国化的道路，他们努力证明基督教教义在各个方面和中国的传统观念相吻合。思想一致的主题、高度道德化的社会、儒教和天主教义之间极其相似的内容，这是归化的文人和耶稣会士常持的观点。甚至耶稣会士也利用士人对古代真正教理的向往，称天主教义包含了对中国传统经典的"正确"理解，可以帮助恢复古学。

这种认为存在一种"原始文本"，只不过被人误解而已的观点，也可能走向其反面。谢和耐的分析表明，最迟到了清代，认为外来的、陌生的理论其实都根植于本土的看法，十分普遍。数学、伦理学、基督福音或是西方人窃有的，或是中学流失在西域的（"西学中源"说）。而至于知识本身是来源于儒学还是佛学，并不重要。其实，这也是一种古老的"范式"，菩萨最早也是作为老子的化身（化胡）出现的。谢和耐的观点显然是"这种策略却随着基督教观念被人们更加透彻地理解，而被越来越多的文人识破和揭露。由于那些士大夫最早仅仅把传教士们视为严肃的学者和中国传统的捍卫者，所以他们当时曾支持过这些人，但当他们更清楚地了解了传教士们的教理之后，便反戈一击转而反对他们了"（谢和耐 2013，第 53 页）。这也许是一个原因，但是我个人的观点是，这种反基督教的论调，很大程度上来源于当时觉醒的泛民族主义的时代精神。

谢和耐主要运用《破邪集》以及以"辟邪"为主题的著作如杨光先的《辟邪论》(1659),这些著作为他提供了理论基础:这里涉及的是儒家和释家的经典,这些经典对基督教的核心问题提出了质疑。首先是中国人和传教士不同的宗教性的问题,这是第二章的重点问题。谢和耐揭示了很多中国人对基督主宰世界观点的不理解,因为在中国,宗教不是绝对价值,而是取决于其实用性。大家都知道,在中国人眼里,佛教是负责死后的世界,儒教则是关心世界的此在,而道家则着眼于延长这美好的生命。每个中国人都可能兼信三教,他们既尊孔祭祖,又炼丹修真、烧香拜佛。三教并非互相排斥,而是兼收并蓄。儒、释、道三教都兼有其他宗教的内容、仪式。一所寺院里,可能同时拜着玉皇大帝与菩萨。"文人们的全部宗教,"谢和耐指出,"可以概括为遵守仪礼和诚心诚意地完成仪礼。个人都应在自己的位置上完成属于他个人的义务,这就是必须既对生者和死者,又对不可见的鬼神应采取的行动。"(谢和耐2013,第77页)这一切在中国人看来理所当然,而这种三教归一论在传教士看来,不仅是不可思议,而且有悖坚定的信仰。

在中国的语境中,"信仰"本来就是20世纪才产生的新词语,中国民间宗教的多神崇拜和基督教中的基督主宰的分野一直持续至今。正如一位学者迈克尔·派（Michael Pye）所表述的："不需要相信鬼神的存在，同样能被其魔力所征服。"[1] 在中国人的信仰中缺少本体存在这个观念，把宗教作为信条，这对大多数中国人来说是陌生的。相反，圣人能对个人或集体产生积极的作用，这则是喜闻乐见的。蒲慕州把中国早期的宗教性称为"寻找个人幸福之路"[2]，但是传教士所追求的灵魂的拯救则很少得到关注。

谢和耐多处对归化，特别是早期皈依基督教的著名士人，表示了怀疑的态度，认为他们只是一种表面的归化，中国人很难具备西方基督徒的思想意识。他指出："恰恰是在有关'天'的问题上，文人和传教士之间建立了一种以误解为基础的默契。"（谢和耐 2013，第 79 页）因为谢和耐认为中国的政教传统与基督教的本质之间的矛盾不可调和，所以他主张文人和传教士之间的默契是表面的、暂时的妥协或误会。许多归化的文人，首先是受到了科技的吸引，传教士到中国，传播科技是为了传教；中国容许传教

---

[1] Michael Pye: *Streben nach Glück. Schicksalsdeutung und Lebensgestaltung in japanischen Religionen*（《追求幸福：在日本宗教中命运的意义和生活的塑造》）(mit Katja Triplett), Berlin LIT-Verlag, 2007, p.24.

[2] Poo Mu-chou（蒲慕州）: *In Search of Personal Welfare: A View of Ancient Chinese Religion*（《寻找个人幸福之路：古代中国宗教之观照》), Albany, State University of New York Press, 1998.

的一个原因，是因为传教士带来先进的科技知识。这两者之间微妙的平衡，成为福音得以进入中国的先决条件。这之间利益的交换，可以想象。正因为明末清初入华耶稣会士与中西文化相遇，是所谓文化和宗教的首次撞击，所以他对归化的怀疑态度，值得重视和探讨。但是，西方皈依基督教同样也经过了漫长的历程，也遇到了不同的挑战。在宗教改革之前，皈依的所谓"真实性"问题并没有提出来，也许除了在西班牙基督教复起时之外。是马丁·路德、慈运理和加尔文提出了这个问题，但是新教并没有发展出检验信仰"真实性"的一套工具，而天主教的反宗教改革运动，则建立了宗教法庭。我们可以说，从这个时期开始，确实存在考核信仰的标准。但是欧洲的扩张以及相应的传教的扩大，又对这些标准提出了质疑，因为事实表明，无论是拉丁美洲还是东亚，都无法使用宗教法庭所设立的"严格的"的标准。谢和耐在某种程度上把自己当成了纯粹的天主教意义上的卫道士，他的态度比教皇还要绝对。试问，福音传播经过了多少文化融合及调和的过程！而教堂在时间的隧道中又经历了多少变化！谁又有权来判定这是否是"真实的"归化？似乎世界上只有一种方式，成为"真正的"天主教徒，这种非黑即白的看法，显然也是得到了世俗化土壤的滋养。

书的第三章探讨的是宗教和政治的问题。即使我们不把中国称为凯撒式的政教结合国家，而按照西方的政治选举的做法（如选皇帝或教皇），把中国分为宗教的和世俗的领域，把政权和教权加以区分，这在传统中国也是属于谬论邪说。用谢和耐的话来说："中国皇帝把那些无法区别为世俗和宗教的职责与表现形态，都集于一人之身，中国的天命观是一种不允许进行任何分割的完整概念。"（谢和耐2013，第128页）确实，"天"是一个十分核心的问题：对中国文人来说，从权力角度讲，天子头上不能再有天主；从文化角度讲，中国天子头上更不可能有泰西天主。宗教运动在帝国晚期，或者是遭到镇压或者是和皇室家族相结合，这样一方面利于对宗教运动的控制，另一方面也在彰显皇室的荣耀。一个独立的组织，时至今日，仍然含有颠覆的隐患。谢和耐把中国的政教不可分割性，看成是基督教和中国传统无法融合的一个重要政治和社会因素。柯文在他的书评中指出，谢和耐的这个观点有些偏激，因为他所引用的文本和论述，都一律强调大秦和泰西精神世界的不可调和。众所周知，激烈的反对派都有把事情绝对化的倾向，而谢和耐则似乎对这样的言论言听计从，并积极地纳入他的看法中去（谢和耐2012，第369页）。

另外我们也知道，中国历史上有很多神奇的巫师，他们并不和政治发生联系，更谈不上和政治为敌。中国的某些宗教运动，当然不是全部，努力把宗教和世俗加以区分。当然这只是个别例外，并没有削弱谢和耐关于中国宗教问题与国事不可分割的观点，他也列举了大量例子，包括在敬天问题上对基督教的指责。中国的这一特殊性，到今天也符合中国国情，特别是符合中国教会的情况，不能不引人深思。利玛窦的宗教原则是，给皇帝属于皇帝的，给上帝属于上帝的。但至少他的这一原则的第二部分，在中国并没有引起人们的兴趣。就算是像保罗徐光启这样著名的归化之士，也主要强调耶稣会教义中有利于国家社稷的内容，弘扬科学和道德的作用。

而耶稣会士那些受到基督人文主义影响的著作，是最有影响的、最成功的，利玛窦称之为"仅仅是建立在自然哲学之上"的人文主义。除了上面提到的《交友论》，还有庞迪我（Diego de Pantoja）的《七克》。这些著作和中国传统伦理有很多相通之处，常常让中国士人有出乎意料之感。甚至中国的传统也知道良心的考验，至少在道教的集体赎罪仪式开展以来。而在利玛窦时代，儒家的实践中也特别提倡个人的道德修行。但是利玛窦指出了其中一个本质区别，这个区别不在其手段和途径，而在于通过这样的修行所要达到的目的：儒家修身的目的在于最终达到天人合一，每个修身者基于宇宙一体论的认识，把修身视为宇宙的规律、自然的法则，是居于内心的宇宙的秩序。去适应自己的认知，而不是盲目屈服于上帝无法探寻的意志，这就是两者间的区别。大家都知道，马克斯·韦伯把儒家思想视为"缺乏与世界的张力"[1]。韦伯也与谢和耐一样持这样的观点，即"中国的文人不是为了求天饶恕其过失而从事身省，而是为了更好地知道自己的过失并改正之。他们不一定要求严格的苦修，以在上天面前自我羞辱，而是为了自我控制，以便能与'天理'相合。他们认为一旦深入思考自我的思想之后，便会在自然、社会甚至自身中重新发现天理的明显存在"（谢和耐2013，第183页）。近现代的中国思想家为了抵抗超越性的宗教，提出了"内在的超越性"的观点。但这实质上是一种矛盾，因为真正的"超越性"是外在于世间的、非即世的，是非感官所及的。但儒家思想并非不预世事，非要把儒家思想解释为主客互动、天（超越）人（内在）感应的世界，也是强求之举。正因如此，谢和耐的论述，触及了一个要点：

---

[1] Max Weber: *Gesammelte Aufsätze zur Religionssoziologie*（《宗教社会学文集》）. Band 1, Tübingen 1986, VIII. Resultat: *Konfuzianismus und Puritanismus*（《儒家和清教徒》）.

显然无法用外在世界的机制来引发传教士时期的中国士人的兴趣。而传教士中有关伦理或"从善之术"的著作则备受欢迎。

当然,另一方面,我们也不应该忘记在中国也存在神秘主义的倾向,比如高攀龙(1562—1626)的静坐学说和他在1593年的奇遇,但是谢和耐则侧重于他的修身养性说,而高攀龙的"性"又明显受孟子的影响。我们也可以扪心自问,圣者十字若望(John of the Cross)的神秘思想和许多中国带有神秘主义倾向的士人,要达到宇宙的统一,这之间又有多大的区别呢?同时,谢和耐在提出反对快速归化的许多原因外,还提出一个许多人认为相当核心的问题,这也是第四章的主要话题之一:在基督教中上帝是超越一切的,对上帝的爱要超过对父母的爱,甚至可以说要爱上帝而不要爱父母,这种所谓"不敬双亲"遭到了很多人的反对,因为在中国人看来,只有遵守礼仪,才能人心从善。这也再次展示了中国的生活世界的入世特点和世界观。对佛教的批评也类似,认为佛教不重视对父母的孝道。基督教和佛教有轻生倾向,这也是备受谴责之一面。

在谢和耐提供的大量辟基督教的史料中,我们可以找到两个模式。一是反对基督教道德观,当然基督教的道德观常常遭到错误的理解。这包括对所谓缺乏孝道和不尊亲长的抨击，也包括所谓的缺乏羞耻感，如男女混杂，一起上教堂做礼拜，或是妇女去神父那儿做忏悔，违背了男女有别的习俗。另外宗教基本原则涉及一个超越一切的上帝，儒教传统中的圣贤从严格意义上讲都将处于炼狱之中，基督教的某些宗教实践，都带有颠覆性的特征，在反对者看来会对国家形成危害。中国的祭祖可以说成了所谓礼仪之争的一个焦点问题，但是教会的历史表明，这个障碍也是可以克服的，尽管这到1939年才得以实现。在生活世界中，基督教禁止多妻制，强调一夫一妻制，也让很多人觉得这种做法缺乏社会感，不少人是从传宗接代的义务出发的，蓄妾可以保证世系香火的延续。谢和耐提到的文献中，也有指责传教士们煽动妇女放弃梳妆打扮，并鼓动少女们独身的例子。

谢和耐指出，在基督教的观念中，"罪孽"，特别是"邪恶"是一个本体存在，但是遇到一个强调"过失"和"过"（作为"功"的比较柔和的反义词，不同于"邪恶"）的文化语境时，基督教的观念就几乎没有伸展的余地。我本人很赞同这个观点。

第二个模式是针对造物和很多基督的历史方面的形而上的思辨，这在我看来，有更大的影响力和更广的波及面。谢和耐在第五章中指出，中国的思维特点特别表现在"拒绝把现象与一种稳定的和与色界相分隔的真谛区别开来,把理性与感性相分开"(谢和耐 2013,第 306 页)。谢和耐在马雷凯新修订的这个版本中把这段话取消了,但是我们对这段话应该比作者更加重视。在我看来,中国占主导地位的传统,主要存在于感性世界和人的感知之中;而在感性世界中也存在的灵的观念,则主要指神灵鬼怪,体现在用蓍占卜,用龟算卦。对人的感知的强调,体现在中国大部分的诗歌里,也反映在道教的长生术以及传统观念中,两情相悦被视为感官的愉悦,而不是爱情的象征。强调感知和相信从形而上的超越中获得灵感是背道而驰的,同样也和相信预言相对立,所以在中国一直到近现代也没有在一神崇拜的宗教里产生预言家。此外,谢和耐在基督历史和形而上的问题上,还列举了很多我们在古代欧洲就熟稔的现象:认为上帝派遣儿子来到人世是荒唐的,轻视耶稣的受难以及不死的灵魂。这些都让基督徒感到气愤,就像保罗在第一封《哥林多前书》(1.23)中就指责为愚蠢一样。对于《创世记》和世界末日的怀疑,也属于这类现象。特别是在耶稣会士的时代,主流儒家思想早已告别了道家关于世界起源的设想,而所谓的"道经"是三清祖师为拯救宇宙众生,使用自然妙气书写的先哲圣典一说,也失去很多追随者。你可以信佛或是成为道教徒,而不一定相信佛祖或是老子的历史存在。正是基督教中上帝拯救人类的历史根源，让很多中国人无法理解。

谢和耐在列举这些问题的时候，我们可以感觉到他经常带着一份沾沾自喜。必须指出的是，他的世界观深深扎根于法国启蒙运动之中，而有些启蒙运动的代表人物不再把天主教看作一种来自叙利亚的神秘宗教。谢和耐终其一生没有对神秘派，甚至中国高度发展的占卜术有什么好感。反之，中国士人如王夫之坚持"理依于气"的气本论，认为整个宇宙除了"气"之外，更无别物，还有王夫之的批判历史观，以及他强调亲身经历的重要性与以感性为基础的认识论，这都在谢和耐那儿得到了很大的认同。类似于传教士，谢和耐也努力寻找两种文化中的联系，但这是另外一种纽带，即启蒙思想或是他找到的所谓的启蒙。

其实他完全具备对基督教批评者的高度思辨水准做出正确判断的能力，这也属于他的著作的突出贡献之一：如果上帝是绝对的，那么基督教的批评者会据此提出疑问，一个绝对的上帝是不可能被定义的（不论定义为理性、意志或是自我的完美都行不通）；反之，上帝就不是绝对的。其实中世纪的神学家、自然神学的最早提倡者托马斯·阿奎那在这方面早有论述，在他看来，基督有一个与我们相同本质的真实躯体、一个真实的理性灵魂，但除此之外还多出了完美的神性。也因此，耶稣基督是统一的（三位一体的），但也可以是多重的（两个本质、肉身和神性的理论）。利类思在1632年至1658年间把托马斯·阿奎那的《神学大全》部分翻译成中文，但显然当时的中国文人并没有注意到这个中文译本。

所有评论谢和耐《中国与基督教》的作者，都称赞他为我们揭示了中西方精神首次碰撞所产生的对话的内幕。在他的书中，中国的声音十分真实，许多中国人的顾虑至今还有一定的分量，尽管当时主要是以辩论的方式，故而表达得十分尖锐。但是这些尖锐的措辞，是在什么情况下产生的，谢和耐没有太多论述。其实晚明和清初的特点是中国士大夫阶层努力重塑"中国核心价值"，这个"中国核心价值"自然是在满族统治下新的帝国价值，不完全是汉族的形式，这一点柯娇燕（Pamela Kyle Crossley）[1]在她的研究中曾明确指出。所以，我认为对基督教的很多攻击必须在重塑中华帝国的新的认同的框架下而加以理解。

关于谢和耐的语言观有很多论述，其实他最终把"中

---

[1] Pamela Kyle Crossley: *A Translucent Mirror: History and Identity in Qing Imperial Ideology*（《半透明之镜：清代帝国意识形态下的历史与认同》），Berkeley: University of California Press, 2002, c1999.

国文化"和"基督教"视为不可调和的,而原因在于语言的差异。他的主要依据是尼采和本维尼斯特(Émile Benveniste),每个人以他们自己的方式,对"特定的语法功能的影响力"(尼采)以及对语言"提供了思想所承认的事物之特征的基本轮廓"(谢和耐2013,第307页)进行了探索。在他们看来,只有希腊人及其传承者能够把心灵和躯体、存在和实质的概念浇铸到哲学中去。利玛窦的《天主实义》一书,采用基督教中传统的"教义问答"结构,同时更仿用中国古文《论语》式的问答体裁编写,书中"中士"的身份既是他自己在中国文化中的"矛",又是他自己以西方思想面对中国文化的"盾"。在中西对答中,阐明了天主教的重要教义。他也论述了实体和次要实体在西方思想史中的基本关系,他把"实体"译成"自立者",把"次要实体"译成"依赖者",但是谢和耐认为:"从中国人的观点来看,这种区别完全是无根据的和人为制造的,因为语言丝毫不会使人联想到这一切。"(谢和耐2013,第313页)大多数书评都对这个观点进行了探讨,其实这归根结底是萨丕尔-沃尔夫假说比较缓和的翻版,大家都知道,萨丕尔及沃尔夫认为不同语言里所包含的文化概念和分类会影响语言使用者对于现实世界的认知,也就是说不同的语言的使用者会因语言差异而产生思考方式及行为方式的不同。说到底,这是一种语言决定思维的观点。柯文在他的书评中提出质疑,如果因为语言的差异,中国人无法理解天主教义,那么为什么谢和耐作为一个以法语为母语的学者,声称他可以理解中国人的思辨?而钟鸣旦(Nicholas Standaert)则在他的书评中指出,谢和耐关心的只是对西方价值的普遍性提出质疑(谢和耐2012,第355—362页)。

我来讲一段我在研究中的体会,以提出另外一个质疑。我目前研究的一个课题是利类思对托马斯·阿奎那的《神学大全》的中文翻译,这可以说是与利玛窦同化策略恰恰相反的策略。我碰到很多初看之下无法解释的问题,尽管我一直参照拉丁文原文:如错误使用的连词(将ergo译为"则",而非正确地译为"故",始终错误地用疑问词"何"来表示aliquid、aliqua res[1]),以及生造大量的新语汇和使用不同寻常的语法现象。经过一段时间的研究,我不再需要拉丁文原文来帮助理解,并"纠正"利类思的中文译文,因为我已经熟悉了整部著作的表述结构。试问,这是一个什么样的过程和经历呢?这应该就是德国哲学家伽

---

[1] 参见本书中笔者的《托马斯·阿奎那〈神学大全〉的首部中译本〈超性学要〉》一文。

达默尔意义上的"视界融合"吧。阐释者是历史存在的,当他进行阐释时必然会带着自己特有的时代特征、文化背景、个人经验、审美情趣、认知能力等因素。而这些历史性语境就构成了阐释的"前理解"。在理解过程中,要把阐释者的视阈与原文视阈相结合,这就是所谓的"视界融合"。显然,我在研究过程中,愿意且能够和文本建立联系,甚至"错误的"表达常常也不例外。这种"愿意会通"和"能够会通"则改变了我们的阅读甚至是语感。中文在19世纪经历了词汇、语法和句法的巨大变化,如果不从这个角度出发,就很难理解。新语汇方面我本人做了大量研究,而语法和句法的研究特别要归功于爱德华·冈恩(Edward Gunn)的《重写中文》(*Rewriting Chinese*)[1]一书。也就是说,19世纪以来,有足够多的中国人,愿意和陌生的外来者,包括"自立物""依赖物""存在"和"观念"这些概念建立联系。再设想一下黑格尔和马克思的中文翻译,这对现代中文产生了多么深刻的影响。那么我们可以自然而然地提出以下问题:为什么在耶稣会士时代没有很

---

1 Edward Gunn: *Rewriting Chinese: Style and Innovation in Twentieth-Century Chinese Prose*(《重写中文:20世纪中文辞章的风格和变革》), Stanford University Press, 1991.

多人愿意建立文化会通，愿意适应新观念？为了回答这个问题，我们无法避开福柯有关权力的论述。在华耶稣会士时代，尽管中华帝国的民族感情增长，但是耶稣会士对中国人来说，还不是一种威胁，这不同于19世纪中国人突然面对着西方的坚船利炮。语言的转变常常是伴随着权力的丧失发生的，当然，这种说法让人很伤感的。17世纪的中国士人选择的是不建立联系，不去适应，当然他们对数学和技术还是很有兴趣的。

这些评论并没有削弱谢和耐的巨大贡献。在对他进行研究的时候，我们应该知道，他的世界观深受法国启蒙主义思潮的影响，只不过他的思维方式主要是从相对主义而不是普遍主义出发的。但出于对中国人的好感，他显然也把某些中国人的特征普遍化，而没有倾听另外一些中国人的声音。把"中国精神"和"基督教"放在一个层面进行考察，这就有把文化视为封闭的容器的嫌疑，从这种封闭式文化论出发，一个人无法摆脱他的文化，每个人则成了文化监狱中的囚徒。当然，这一定不是谢和耐的本意，但是，不论从什么角度来说，即使他本意不在于此，建构文化的"本质"对谢和耐和很多文化人来说，都具有很大的诱惑力。

此外，我反对把"中国思想"与基督教进行简单对立的一个重要原因，还在于在释家、儒家反对基督教的种种论调之下，基督教的阵营里同样也存在着反对佛教的声音，这个问题迄今还没有人对其进行过研究。在此我们不妨考察一下反佛教的一些主要观点。我们可以引用这类言论的代表性著作如徐光启的《辟释氏之诸妄》[1]，在此我们姑且不追究该书是否真的是出于徐光启之手，重要的是其中的一些观点。《辟释氏之诸妄》及其对佛教的抨击在中国的基督教史上并不是孤立的，而是基督教传教士及其新的皈依者反对佛教中的"迷信的"实践和教理的一个组成部分。从利玛窦（1551—1610）的《天主实义》开始，到杨廷筠（1565—1630）的《天释明辨》和艾儒略（1582—1649）的《口铎日抄》，以至基督教后期的种种抨击都在一定程度上继承了这个传统。

种种对佛教的指责，综上观之，都是从人的所谓"健康理性"出发。佛教特别是其宗教实践中非理性的成分则被定性为"妄"。如果把反佛教的言论和反基督教的言论加以比较，可以发现这两种言论是建立在同样的基石之上的：两者都是开口闭口谈《孟子》、引《中庸》，双方都以

---

[1] 《辟释氏之诸妄》，台北：辅仁大学神学院，1996年；巴黎国家图书馆复制版，中国7103号。略有别于《天主教东传文献续编》。

"理性"为主导,尽管"理性"本身是一个现代概念。除了理性之外,臣民的道德教化也是两者都非常重视的。反对基督教的阵营谴责基督徒有违男女有别,且"造女以滋男女之祸",《辟释氏之诸妄》则抨击佛教徒的"烧纸之妄","岂人见为纸灰,而鬼神反见为真钱乎?……神如有灵,吾知其必加重罚矣"。[1]

再如《辟释氏之诸妄》对破狱提出质疑,称为"破狱之妄":"夫地狱以为有耶,无耶?无则罪人原自不入,可以不破。有则为大主所设,坚于铁围,乃困苦冥魂者,竟为无赖凡流念数番言,狱破魂走,有是理乎?……且破狱时,止放一魂乎,抑概放众魂乎?如止放一魂,是众魂造罪,一魂独以情面幸免,非平等观,何以服众魂耶?天纲偏私,先自主狱者始矣,此不可之大者。众魂皆放则地狱可以不设。若佛法广大慈悲,众魂皆放。则一人破狱,众魂得以幸免,狱止待一人破足矣,地狱可以不设矣。……倘地狱可破,则人之权反重于大主。然阳世虽极恶人,有钱者皆能修斋破狱;虽极善人,无钱者难以设供召僧。必如所云,是地狱亦有钱得生,无钱得死也。冥魂日闹于泉壤,

---

[1] 《辟释氏之诸妄》,第四节,第13页。

坤维不宁矣。此破狱之最妄者矣。"¹ 从有无地狱，到谁能破狱，有无平等观念，到人和天主的权孰大孰小，富贵贫贱所起的作用，都是争执之处。² 而同样被谢和耐大量引用的《圣朝破邪集》对许多"不可解"之处也提出了质疑：如天主故意赴死不可解。天主为什么要"言在事前，故意为之"⁴呢？而身为天主，如何会遭受极刑？"况谋国何事？无形无影，乃哑坐极刑之惨，何以为天主？何异从井救人，而泥其身也？"⁵ 其实讲到底天主在不解之人看来，如泥菩萨过江，自身难保。更何况天主还不能禁魔鬼："凡人之智慧有限，所以不奈鬼何。以彼天主之威，魔鬼诱其血胤而勿能禁，谬七。"⁶ 天主不仅不能禁魔鬼，而且天主生人即犯罪："凡小贤、小善之人，其子不肖则诿之曰：'其所不能者，天也。'以神圣如天主，笃生两人为最初继体，即诲盗而为戎首，何神圣之为？谬八。"⁷ 这样的"天主"对于很多

---

1 《辟释氏之诸妄》，第一节，第 10 页。
2 在《辟释氏之诸妄》中上帝有很多不统一的概念：如大主、上主、天、天主。
3 《圣朝破邪集》，参见《明末清初耶稣会思想文献汇编》，第五卷，北京：北京大学宗教研究所，2000 年。
4 《圣朝破邪集》，第 165 页。
5 同上书，第 169 页。
6 同上书，第 131 页。
7 同上书。

反对者来说，有还不如无。

如果我们把《辟释氏之诸妄》中"轮回之妄"与《圣朝破邪集》中的"天教欺天侮圣无父无君"加以对比，会发现其问题的核心都在于有悖三纲五常。"轮回之妄"云：

> 释氏所云轮回，以为旧灵魂乎，以为新灵魂乎？
> 若系旧灵魂，则是灵魂有数也。今日之人，必用当日之魂也。上主何巧于造初生之魂，而拙于造后生之魂耶？
> 即人之轮回复转生为人，将父或为子，母或为妻，皆天心所不忍。倘谓转为异类，则人子将食亲肉，而寝亲皮，乃桀纣所不为，而至慈上主令人为之乎？
> 盖人之魂与四生六道之魂灵，蠢原殊。孟子所谓犬之性不犹牛性，牛之性不犹人性者也。或曰，人无轮回，何以有富贵贫贱之不同。曰，世人有富贵贫贱之不同。此如人身，有首有足。如只有首，而无手足任其劳、大小便出其秽，不成人矣。
> 世界止有一天，而无地，何以载？天止有一日，而无星月云露，何以覆？[1]

---

[1] 《辟释氏之诸妄》，第六节，第17页。

本着"天尊地卑"的思想,定纲常也就是确定名分来教化天下。而轮回之妄在于其拥有颠覆儒家伦理文化架构的危险性。对比《圣朝破邪集》下面引"天教欺天侮圣无父无君"的引文,会发现这两个对立的阵营不同取径的批判,有着异曲同工之妙:

> 甚则蝼蚁佛祖,伯仲君亲。谓调易多少不通,堪赴丙丁童子;诬禅宗自他俱误,全然乌有先生;谤太极仁义为贱,虚三藏教乘为谬;妄指胡女产之耶稣呼为上帝,罢德变之魔鬼名曰释迦。奸盗诈伪之徒,一造其室,遂登永乐之天;尧、舜、周、孔之圣,不得其门,久锢炼清之狱。行人之不敢行,道人之不忍道,欺天侮圣,无父无君,至此极矣![1]

我把这个共同的基石称为"简化的儒家思想"(boiled down Confucianism),通过简化,把儒家思想变成了纯粹的理性思想。两者都受到时代精神的影响,当时流行的实学把感官的体验和衡量视为最高标准。但是尽管双方都看到了对方宗教的非理性的盲点,但是对自己宗教的问题却是

---

1 《圣朝破邪集》,第263页。

盲人摸象，不着边际。也正是从这个意义上讲，谢和耐的分析自有其入木三分之处：在他分析的著作中，对基督教的批评始终带有启蒙的色彩。但也正是其反面，即基督徒对佛教中非理性成分的批判，昭示了"这边是中国理性，对面是基督教"这个对立不能成立，因为每种宗教的根源其实都是非理性的，救恩、永恒的生命或如再度投胎（因为对举止不良的人来说也是一种威胁）本质上讲就是非理性的。启蒙运动中建塑一个"理性女神"（déesse Raison）的尝试，众所周知，很快就失败了。但谢和耐手持"理性"这把钥匙，确实有他的道理，尽管晚明和清代早期的士人还没有构想出一个"理性女神"。但用理性之光驱散黑暗，把人们引向光明，应该是所有的宗教批判的初衷，中国的声音也不例外。

但从另一个角度看，《中国与基督教》一书出版后，一石激起千层浪，很多研究者对耶稣会士时代中国基督徒的多种看法和多重声音进行了探讨，这显然是谢和耐这部著作的开创性贡献。另外，这部著作也教导我们，普遍性的规律，如果我们确信其正确性，也需要不断地重新检验并去捍卫。而不能像某些传教士那样，认为是一成不变的。谢和耐努力去理解"他者"，特别重要的是，让"他者"以其特有的方式存在，我在很长时期内从他这种高尚的人性中受益匪浅。同时，我认为圣言会出版社这样一家天主教出版社能出版《中国与基督教》一书，并对该书进行精心的编撰，这种宽容的态度也是在承认普遍性的同时允许争鸣的佐证。补充说一句，我本人认为这是目前世界上最好的版本。而天主教出版社的这种态度，实际上也是一种"愿意文化会通"的态度，这和该书的根本上的无法协调的悲观的主旋律恰恰相反，让我对未来充满信心。

托马斯·阿奎那《神学大全》的首部中译本《超性学要》[1]

我任职的国际人文研究院的主攻方向是"命运、能动性及预测",主要研究不同文化和历史时期应对未来的策略,以传统的预占为重点,以期纵观不同文化内部的各个侧面,并进行跨文化比较研究。以此议题为导向,研究院与包括欧洲中世纪学者在内的世界各国学者进行合作。我一度有一个假设:在古代中国,传统预占术极少受到限制,反之,在基督教占主导地位的欧洲,特别是欧洲中世纪,星象学及其他术数是被明令禁止的,仅以一种潜流的方式存在。这个假设从原则上讲是合理的,但是这几年通过与汉学家和欧洲史学家的合作,我也对此做了很大程度的修

---

[1] 首先感谢汉学家何莫邪(Christoph Harbsmeier)在埃尔朗根以及在瑞典高等研究院(Swedish Collegium for Advanced Study,也一并致谢)期间通览全文,并抽时间和我进行细致的讨论。也感谢米兰圣心大学(Università Cattolica, Milano)的 Gian Luca Protesta 先生,邀请我去该大学对这个主题做第一次报告。当然复旦大学的邀请,促使我对这个主题做了进一步的思考,在此要特别感谢。

正。欧洲的星象学及其他术数由于基督教的戒律而多受质疑,因为上帝的逻辑是不容窥视和探究的。但同时我们发现,众多的教宗——更别提世俗的公侯伯子爵——都拥有"私人"星象家,并定期询问。而与此同时,中国并非是一个绝对的"术数之国"[1],尽管术数本身从没有像在欧洲那样遭到彻底的排斥,士人多少会和术数保持一定距离(本书中《"小道"可观》对两者进行了比较)。托马斯·阿奎那(1225—1274)在《神学大全》中对占卜有较长篇幅的论述,涉及迷信、偶像崇拜、算命和亵渎神灵的问题(第二部分的问题,92—100问)尤为重要。如果能够探讨《神学大全》的第一个中文译者利类思(Ludovic Bugli,1606—1682;他把该书的题目翻译为《超性学要》,目录全部译出,但正文只译了一部分)对这些问题所选用的中文概念("迷信"或其他术数的翻译,如"扔骰子"等),不仅对概念史的研究,对中西文化比较也会产生很多启示。遗憾的是,《神学大全》的第一个中文译本并没有涉及这些问题,但所幸囊括了关于"自由意志"(特别是82问与83问)及

---

[1] Levi, Jean, "Pratiques divinatoires, conjectures et critiques rationalistesa l'époque des Royaumes Combattants", in *Extrême-Orient, Extrême-Occident* 21(1999), pp. 67–77.

"命运"（116问）的长篇论述。我对这些问题进行了详细的分析，一方面是为了在欧洲和中国不同的"自由意志"和"命运"观念之间架设一座独特的桥梁，另一方面，也希望通过对利类思翻译的观照，来审视中西文化传播过程中遭遇到的特殊困难。这些困难主要源于语言的转换，而处理语言障碍的翻译策略又对文化传播产生潜在的长期影响，这个过程就是此文的主要议题。

一、导　言

基督教和佛教一样，不论从语言还是文化层面来说，都是与翻译关系最为密切的宗教，此说恐怕争议不大。自基督教创立之初翻译便极为重要：耶稣说亚美语，但《福音书》用希腊语写成。先是有圣杰罗姆将《圣经》译成拉丁语，接着出现了《旧约》希腊语译本，在之后的几个世纪中《圣经》又被翻译成多种欧洲与非欧洲口头语言，如从1466年开始就有了《圣经》的德文译本。《圣经》在中国的传播也不例外，"大秦景教流行中国碑"于781年修成，上面刻有中国早期基督教团体的历史（始于640年第一批景教成员到达中国）以及景教教义，两者都用中文写就（三年前发现了另一座石碑，教义部分更为鲜明)。[1]

然而,在大多数文化中——即使不是全部的话——基督教的传播情况与在中国还是有差异,在中国,基督教教义必须与历史悠久的宗教和哲学传统相抗衡。

与佛教相似,基督教在与这些传统所用语言角力的时候面临几种选择:首先,翻译者可以归顺本土语言,以此缩小外来与本土表达之间的距离。当然,如果这样做,风险在于新、旧思想的界限恐怕会模糊,翻译者只能用非常复杂的方式来显示基督教教义的新颖之处。举例来说,假如我们借用中文里的"理学"一词表达西方"哲学"的概念,中国读者立刻会想到的是11世纪开始兴盛于中国的思想流派(西方人称为"新儒家")。于是,中国读者可能会完全将西方哲学与理学等同,也可能仅仅在两者之间发现一种"家族相似性"(维特根斯坦之语),到底如何取决于译文的其他部分。

另一种翻译方法与此恰好相反:尽量保留西方概念的"外来性",迫使读者认可其相异的特征。也就是说,如将西方哲学译为"菲洛索菲亚",读者就会立刻发现这是与他

---

[1] 罗炤:《房山十字寺的十字架图像考》,《艺术史研究》第15辑,广州:中山大学出版社,2013年。

们自身传统差距很大的思想。"菲洛索菲亚"由五个汉字组成，与汉语中所有多音节词一样，其中每个汉字都有独立的意义（卑微—洛水—寻找—卑微—次于），但组合起来这些意义就都消失了。

语言学家可能会批评我遗漏了汉语中其他创造新词的方法，包括杂糅法（如汉语中的"古兰经"结合了音译与意译两种方法，"古兰"原来为"古旧"和"兰花"的意义，组合起来便失去原意，而"经"是"典籍"之义）。但我并不想过多纠缠于细节，只想说汉语中各种翻译外来语汇的方法并非互相排斥，许多翻译都体现了不同方法的交叉。

在汉语中还有第三种译介新概念的方法：将两个或多个汉字组合起来，形成前所未见的搭配，以此构成新词。1873 年，为了将"philosophy"译成日语（使用的还是汉字），日本大思想家西周就创造了新词"哲学"，实则是"智慧"与"学问"两词的组合。[1]

---

[1] 关于新概念的译介，请参看 Lackner, Amelung, Kurtz: *New Terms for New Ideas*, Leiden, Brill, 2001；中译本：《新词语新概念：西学译介与晚清汉语词汇之变迁》，赵兴胜等译，济南：山东画报出版社，2012 年。

二、耶稣会士及其中文著述

耶稣会教士对以上各种翻译手法都有所尝试。最早的代表（利玛窦和罗明坚）于1583年来华，开创了耶稣会在中国的传教史，也开启了中国与西方第一次持久的接触。相比之下，13世纪、14世纪的景教团体和方济各教会（蒙高维诺主教与波多诺内会士）似乎并未在中国留下持久的痕迹。耶稣会传教史始于1583年，一直到其结束（因为1773年教皇克雷芒十四世以《我们的上帝和救主》通谕废除了耶稣会），到达中国的总共有920名教士，大部分来自葡萄牙（东印度属于葡萄牙保教区）和意大利，但是也包括欧洲所有天主教国家的教士。耶稣会教士在中国出版了数百本著作，其中有欧洲著作的译作，也有专门为中国读者编撰的中文书籍。

这些书籍涉及领域很广：有受欧洲人文主义启发的作品［比如利玛窦摘选并翻译成中文的爱比克泰德的《二十五言》（现译为《道德手册》），译者借此书寻找智慧的共通之处］，另有大量科学专著（数学、天文学、水利工程、机械、地理学）。《远西奇器图说录最》（特伦切斯出版社，1627年出版）以及利玛窦的《坤舆万国全图》之类的著作都企图激发中国学者的好奇，并倡导了为官为政的实用精神。最后,也要提一笔传播基督教信条的专著:如利玛窦的《天主实义》,以中国学者与西方学者之间的对话阐释教义。这只是一个开头,后继无数。

有关耶稣会传教活动的著作汗牛充栋。因为许多原因,在过去的几个世纪里,中国学界的关注点集中于耶稣会教士在科学传播上的贡献,因为科学问题不如宗教敏感,当然方豪等一些学者除外。[1]西方研究传教历史的历史学家通常专注于分析用欧洲语言写成的文本,尤其注意面向西方读者的关于中国的报道,以及这些报道对于欧洲启蒙主义哲学和政治思想的影响。最近,中国人的见解和反应也得到了更为仔细的考察。谢和耐是这方面的先驱,他研究了儒士与佛教徒所撰写的反基督徒手册,因而我们今天对包括中国基督徒在内的各种声音了解得更为细致。[2]

在讨论今天的话题之前,我还要加上两句,这对我接下来的思考颇为重要。第一是耶稣会传教士的著作得到的反响不一,从利玛窦的两部作品中就可见端倪。一部是《交友论》,另一部是《西国记法》,第一部获得巨大成功,

---

[1] 方豪:《方豪六十自定稿》,台北:学生书局,1969年。
[2] 参见本书《再论谢和耐的〈中国与基督教〉》一文。

还被收录于《四库全书》(其编纂完成于 1782 年);在这部著作中,利玛窦对中国精神把握准确(他居留中国的年代,中国文人之间的确有一股交友热)[1],使得他得以用西塞罗和古代西方作者的见解来传达一种普遍的道理。他关于西方记忆术的著作恰好相反,中国公众并不以为然,很快就将之遗忘。[2] 传教士写作在接受程度上的差别还有很多其他事例,此处无法赘述,但可以说,接受史并不取决于书的内容有关"科学"还是"神学",而在于耶稣会传教士能否捕捉中国读者的兴趣。

我想说的另一点与所谓的"文化适应"有关,这也是一种传教士观点,常常和利玛窦及印度的罗伯托德诺比利(Roberto de Nobili)联系在一起。也就是说要尊重地方信仰和风俗(比如允许中国的基督徒崇拜祖先和孔夫子,并称这些礼节为"世俗礼仪",与宗教无关),尊重本地人的哲学与世界观。这种态度与我前面描写的第一种翻译方法类似,其精髓就是愿意做出文化妥协,以此增加皈依民众的

---

[1] 苏源熙(Haun Saussy)在其专著中专门讨论了利玛窦对当时中国"友谊"这个主题的敏锐把握。参见 Haun Saussy: *Great Walls of Discourse and Other Adventures in Cultural China*, Harvard University Asia Center, 2001。

[2] Michael Lackner: *Das vergessene Gedächtnis. Die jesuitische mnemotechnische Abhandlung Xiguo jifa. Übersetzung und Kommentar*. Stuttgart: Franz Steiner, 1986.

人数。不过这种态度很快就受到挑战,利玛窦的第一任后继者龙华民就对利玛窦向中国传统做出的让步和妥协颇有微词,依据的是中世纪对于神圣和世俗领域的区分。今天,我们很清楚地看到,耶稣会在传道中的对手(方济各会与道明会)对于中国礼仪中固有的宗教因素比利玛窦认识得更为深刻。

著名的"礼仪之争"延续了一个多世纪,直到教皇克雷芒十一世于1704年下令禁止中国礼仪。耶稣会参与的大量与神学有关的工作中,我们可以看到两种倾向的并存:既有不加妥协的方式,也有宽容温和的态度;两种倾向的分野在他们用中文写成的作品中表现得更为鲜明。

三、利类思与《神学大全》

《神学大全》的译者利类思对能使用的所有翻译方法都不加拒斥。分析他的译本之前,先简短介绍一下他的生平,这与他翻译上的选择也有所关联。我的介绍大量参考了白佐良为利类思写的传记。[1]1606年,利类思出生于西西

---

1 Bertuccioli, Giuliano: "Ludovico Buglio", in *Dizionario Biografico degli Italiani*, Volume 15, Rom, Treccani, 1972.

里米内奥的一个贵族家庭（父亲名为马里奥，封号为狄伯吉济奥、比法拉和法巴洛塔男爵。母亲名为安东尼娅，出生于弗朗科冯特伯爵家族）。利类思1622年加入耶稣会，在罗马的罗马学院求学，1635年离开意大利去澳门。在江苏（1637）和四川（成都，自1640年起）都居住过，1642年起他成为安文思（Gabriel de Magalhaes，1609—1677）的助理。1644年，在大清彻底消灭明朝，统治整个中国的前夕，他也曾效力于农民起义领袖张献忠（起先似乎并不情愿）。张献忠兵败之后，他和安文思作为叛徒与囚犯被押解至北京（1648）。另一位耶稣会教士汤若望救了他的命，后者从满人入关一开始就站对了边，不过安文思与利类思还是被关押了一段时间，以至于安文思对汤若望心怀怨恨。

后来，利类思又卷入杨光先挑起的争执中，作为钦天监监正，杨光先撰写了反对基督教的檄文，而利类思与汤若望的后继者，来自弗莱芒的耶稣会教士南怀仁合作写了两篇驳斥杨光先的论辩文，第一篇强调人类共同的起源（《天学传概》，1664），第二篇收集了一系列支持基督教的论辩（《不得已辩》，1665）。从1665年到1671年，利类思被流放广东，1682年于北京去世。

利类思创作或参与创作的非宗教类专著似乎只有三部：1669年与南怀仁和安文思合作写成的《御览西方要

纪》，这本著作当年就被译成满文（西尔维娅·托罗最近将第一章译成了意大利文）；1678年的《狮子说》，以葡萄牙大使向皇帝进献一头狮子为契机而写就；还有《京城鹰说》，内容与猎鹰相关，题献给皇帝，此书后来重见于百科全书《古今图书集成》中。利类思所撰写的宗教作品数量更为繁多，比如1670年译的《弥撒经天》，现译为《罗马弥撒经书》（此书在教皇保罗五世的1615年谕令，以及《圣经》中译本出现和弥撒庆典使用中文之后译出），还有1674年的《日课概要》。另外，他还写作了许多关于特殊的宗教教义和礼仪的著作，如为死者或临终者祈祷的仪式，讨论圣母和基督教教义的著作。不过要注意的是，利类思的宗教仪式论著经常不被某些方济各教会的人士接受。

我有幸看到过这些著作中的一部分，它们并非全部可查阅。不过利类思与其他耶稣会兄弟合作的著作有一个显著的特点，它们的译文文风都比较严肃、质朴，没有汉语中经常出现的漂亮辞藻。但是，就我所知，译文在词汇和句式上都没有错误，这多半是因为耶稣会教士大部分的著作都依靠中文母语人士的协助，他们对传教士口述或用口语体写作的中文书起到了"润色"的作用。

我们不太确定利类思翻译《超性学要》的时候是否采用了这个方法。他为之倾注了20年的心血，并且似乎是孤军奋战,将所有空闲时间都用来翻译,但最终没有完成,只翻译了《神学大全》的第一和第三部分,两者还都不完整。

《超性学要》于1654年至1678年间在北京出版[1],利类思对译文加上了一些笼统的评述:"我们十分清楚,有许多人会对神父们所做的翻译颇有微词,并且会因此想要以他们的偏见来审查和修改此版译文。正因为如此,我们在翻译过程中十分谨慎严格地遵循了《圣经》中拉丁文的原文字面含义。"[2]

《超性学要》只印了少数几份,在图书馆封存了两个世纪之久。上海天主教土山湾印书馆的版本(1930—1932)对译成中文的部分做了概述。

---

[1] 摘自网页 http://summatheologiae.studium-piusx.org/05.html:
 (1)《天主性体》,论天主本性及其属性,共六册,其中四册于1654年在北京出版,时间在杨光先发难之前。据安文思神父记述:"中国学者极重视这部著作。有一位学者阅后感慨地说:这书对我们是一面镜子,使我们认识到我们学识的肤浅。"
 (2)《三位一体》,共三册。
 (3)《万物原始》,一册,论万物的真正起源,此书另有单行本,题名《物元实证》,用五项推理法证明天主实有,并解答两项难题。
 (4)《天神》,共五册,1676年北京出版。
 (5)《形物之造》,一册,论物质万物之创造,1676年。
 (6)《人灵魂》,共六册,论人的灵魂,1677年北京出版。
 (7)《人肉身》,论人的肉身,两册,1677年。
[2] 《中国祷文附录》,见于圣道传信部档案中的《来自中国的各种文章1686—1689》,第123卷。

四、《神学大全》的中译本《超性学要》

1. 译文结构安排

首先,我们来对比一下原文和译文的结构安排:

原文:

(1)章(articulus):常常是简单的介绍,偶见以异议开篇
(2)驳(argumentum):一系列异议
(3)相左的论点(sed contra)
(4)疏(corpus articuli):具体论述
(5)正(ad):对"驳"的一系列回击

中文:

(1)章:常常用问题("否")的形式
(2)相左的论点:如"经""圣亚达纳削""圣多玛斯云""引""承前当论"等。
(3)疏
(4)一驳与一正

我们要看到，为了中国读者的便利起见，利类思变换了原著中行文的顺序。拉丁文原著中，作者先列举一系列别的观点，然后提出相反的论点（sed contra），到了最后一部分才通过一系列回击，勾勒出一个终极论点作为对自己立场的解释。而利类思则往往先摆出问题，然后提出相左的看法，然后通过"一驳一正"的方法，也就是说，列举一个异议，给予一个回击，以"正"其意，最后确定和解释自己的立场。他以循序渐进之法辅助读者的认知。这个结构的调整，不仅方便中文读者，而且从根本上使行文更加流畅易懂，在我看来，这本身就是一大贡献。其次，我们也可以看到他尽量避免原著中经常出现的重复段落，代之以"如上所述"（videtur, quod voluntas ex necessitate omnia velit quaecumque vult）、"因此很显然"（Patet ergo, quod voluntas non ex necessitate vult quaecumque vult）这些字眼来概括与之前片段有所重合的部分。他对于第一部分第116问的翻译就是一例。

原文：

> Deinde considerandum est de fato. Et circa hoc quaeruntur quatuor. Primo, an fatum s it. Secundo, in quo sit. Tertio, utrum sit immobile. Quarto, utrum omnia subsint fato.

译文：

> 命运是无法避免事物的隐秘原因。[1]

这并非翻译——不然他得繁缛地列举第一、第二、第三和第四并翻译相关的问题——而是一种成功的概括。

有些段落中,利类思加上自己的评论作为解释,他想要说明"结论"的时候,发表了如下议论:"如谓凡生觉动,人为生觉,则人动。则人动云者,为收例,甚明。盖于两例,即凡生觉动,首例,即人为生觉,次例,有固然相因,故明司固然依之。"(第二部分第82问)[2]另外,利类思也为译文中的每一个段落加上了中文的标题。

2. 语法"错误"

利类思翻译中最惊人的特点就是打破汉语语法。

在整部译文中,他不断使用疑问式的"何"来表示"某物",比如 aliquid 译为"何物"。中国读者可能以为包含这个词的句子是问句,如"命为何物"[3],而不知其真正

---

[1] 《宰治万物论》(土山湾版),第26卷,第5册,第23页。
[2] 《灵魂论》(土山湾版),第20卷,第6册,第24页。
[3] 《宰治万物论》(土山湾版),第26卷,第5册,第23页。

的意思是"命运是某物"。再举一例:in aliquam causam praeordinantem 译为"必归于何预排之所以然"[1],表达的意思实际为"必须归结于预先排定的根由"。再如:"奉教者,勿谓命为何"[2](absit a fidelium cordibus ut fatum esse aliquid dicant!),原义为"奉教者,勿谓命为一物";"虽有何易"[3](aliquo modo),表示"虽然有所变化"。利类思想到的可能是 aliquid 和 aliqua res 中表示疑问的拉丁词根 quid 和 qua,另外,意大利语中的 qualcosa(某物)中包含疑问词 quale,因此把这两个词与汉语的"何"对应起来。

利类思的翻译中还有一些出人意料的词汇,比如用"形天"[4]来表示天体,但"形"字表示形状和体积;因此这个表达在中文中有"有形的天"的意义,而并非天体,如果说"天形"倒还更准确些。另一处破坏汉语规则的地方在译文中出现频率更高,利类思用"则"(表示"那么""在某种情况下")来代替"故"(表示"因此""所以")。如"在易物者之序,天主预图,所以致各物于各品

---

1 《宰治万物论》(土山湾版),第26卷,第5册,第25页。
2 同上书,第27页。
3 同上书,第32页。
4 同上书,第24页。

者,则命,为何物也"[1]。但这里的"天主预图""各物各品"是"命"的原因,所以用"故"更为恰当。这个用法可能会让与利类思同时代的读者稍稍蹙眉,不过对汉语的扭曲程度不如前面的例子来得厉害。

我最后要举的例子也应该是最复杂的:阿奎那在著作中提到 finis(结尾,某事物的范围),利类思经常使用汉语中的"为"来翻译,这个词首先是一个动词,表示"作为""做""完成"或者"成为";如果换一个声调,则表示"代表""出于某种考虑"等意义。依据第一种用法,我们可以说"他作为/成为将军";依照第二种用法,我们可以说"他为了人民的福祉办事"。第二种含义可能是利类思用"为"来表示结尾的原因,将"出于某种考虑"进行名词化处理,变成了名词"结尾"。拉丁原文第82问如:

> Et haec est necessitas naturalis et absoluta. Alio modo convenit alicui quod non possit non esse, ex aliquo extrinseco, vel fine vel agente. Fine quidem, sicut cum aliquis non potest sine hoc consequi, aut bene consequi finem aliquem, ut cibus dicitur necessaries ad vitam, et equus ad iter.(这是"自然"

---

[1]《宰治万物论》(土山湾版),第26卷,第5册,第24页。

和"绝对必须"。而必须性来自外部,要么是终点,要么是动因。至于终点,或者无法达到,或者无法很好地达到,正如要活命,须饮食,要出行,须马匹。)

利类思的中文翻译是:"此谓之固然,与直然须,须,有由外始,或系为(vel fine),或系作(vel agente),系为者,因不得其为,或不善得其为。如欲保命,须饮食,欲善走,须马。"[1] 还有一个因素使问题更为复杂,因为刚才我们说过"为"在不同声调的时候也可以表示"行为"。因此,可怜的中国读者读到这里恐怕已经头绪大乱。

让我们来考虑两种假设:

(1)利类思缺乏汉语母语人士的协助,独自一人用夜晚时间苦思阿奎那,想要为汉语中不存在的词语创造合适的翻译。有时候,他会混淆某些词语,比如将"故"理解为"则",有时候他就对自己说,"拉丁语里能成立的,汉语里也能",所以"某物"也可以包含一个疑问词。

(2)尽管混淆了一些词素的含义,利类思在上述翻译中都做出了有意识的选择,避开汉语中表示"某物""天体"或"结尾"的常用词,以扩展中国人的语汇

---

[1]《宰治万物论》(土山湾版),第26卷,第5册,第20页。

表和世界观。他希望的也许是伽达默尔所说的"视阈的融合"。中国读者成千上万次地阅读"错误"的汉语表达后,可能就会意识到翻译者希望读者能正确领略的不熟悉的事物。在这个例子里,可以说利类思的目标是创造基督教化的汉语语言。

有些证据让我们倾向于第二种假设。事实上,我们在他的翻译中发现了大量优秀的新词和对汉语禁忌和概念缺失的敏感。举例来说,在第116个问题中,阿奎那提到一个可能的景象:"一个人知道一块藏宝之处,可能会挑动一个毫不知情的乡下人在那里挖一座坟墓。"在汉语文本中,坟墓被省略了,利类思以"砍树"来代之。[1] 在另一个段落中,阿奎那提到了"胚胎与精液"(foetuum seminumque),利类思简单翻译为"化"。[2] 因为"罪恶"对中国读者来说比较难以理解,利类思就在某些段落中省略之,比如用"善行,与否"[3] 来翻译 peccatur et recte vivitur(就是"善行与它的对立面")。在许多例子中,他巧妙地将否定句转换为反问句,"若固然欲,何得谓其主"就是一例。利类思对

---

1 《宰治万物论》(土山湾版),第26卷,第5册,第26页。
2 同上书,第31页。
3 同上书,第23页。

汉语传统做了一定的让步,将亚里士多德的《伦理学》译为《亚力克己学》,即"亚里士多德关于克服自己的教条",由此指涉了孔子的《论语》。

阿奎那的修辞与行文在利类思笔下译成了简明易懂的汉语:videtur译为"必须云",potest dupliciter considerari译为"有二义";sententiam teneat, linguam corrigat译为"然宜存其义,而易其名";ut supra habitum est译为"如前论已明"; manifestum est译为"今";hoc stare non potest译为"此论亦非";ergo videtur译为"无疑"。

五、《超性学要》中的命运和自由

《超性学要》这个译本对"意志"和"自由意志"这两个概念的翻译可以理解为跨文化阐释,这种阐释对我们具有何种启示呢?首先要注意,上文指出的"错误"比如"何"的使用,不一定要视为错误,也可以构建为某种革新,只是没有得到普遍接受而已。另外我们也可以观察到通过添加"德"而构成名词化的现象,如"明德"表示"智慧"(intellectus),"信德"表示"信仰","欲德"表示"意志"等。不同于英语或德语,在拉丁语中"意志"和"自由意志"在语言上没有亲属关系,"自由意志"叫作"自由决定"

(liberum arbitrium),所以利类思可以使用一个和"欲"没有任何联系的表达方式,他选用了"自专"这个概念。众所周知,这个表述来源于孔安国对《论语·学而》的评注。

原文如下:

> 子曰:父在观其志,父没观其行;三年无改于父之道,可谓孝矣。

孔安国注:

> 父在,子不得自专。故观其志而已。父没,乃观其行也。孝子在丧,哀慕犹若父在,无所改于父之道也。

这个例子证明了利类思的文化修养和对语言的敏锐:"自专"初看之下具有贬义,但中文读者可以从中推出正面的意义。第二个句子里,他用"自主"来代替形容词"自由",表达"自由决定"[1]。利类思用"性然之引"来表达"自然直觉"(ex naturali instinctu),这个翻译,实际上走在了弗洛伊德之前。一个"做某事或放弃某事的决定"

---

1 问83,《超性学要》卷20,第39页。

（iudicat aliquid esse fugiendum vel prosequendum）被译为"断意，意避此，意趣彼"，一个"当下的决定"（agit libero iudicio），则称作"断用"。而"不定性"（contingentia）这个非常困难的概念，利类思则恰当地翻译为"可然可不然之物"。"理性"（ratio）这个概念通常被翻译为"理"，但涉及理性的运作（iudicium rationis），则又可以找到"推论之性"的译法。透过这许多例子，我们既可以看到利类思的出色之处，也可以发现轻微的"错误"。

再如拉丁文中第83个问题：Praeterea, quicumque est liberi arbitrii, eius est velle et non velle, operari et non operari（谁拥有自由意志，那么要或不要，做或不做，都在其权力之下），利类思的翻译为"自专之为物，欲而不欲，行而不行，由自也"[1]。一方面，"为物"这个词语成功地展示了概念的抽象化过程，把"人"（拉丁文中，"无论是谁"）导向一个抽象概念。同时，此句结尾把一个具有自由意志的人，导向同样抽象的、来源于抽象的"由自"。我们或许可以抱怨，"而"和拉丁文中的"或"不完全相符，但"由"和"自专"特别是"自"的交替使用，无疑相当成功。再以第83个问题为例：

---

1 《超性学要》卷20，第41页。

quod verbum illud apostoli non sic est intelligendum quasi homo non velit et non currat libero arbitrio, sed quia liberum arbitrium ad hoc non est sufficiens, nisi moveatur et iuvetur a Deo.（耶稣使徒之言，不是指人不能从自由意志出发或者选定一个方向前进，而是指人如若没有上帝的推动和支持，自由意志就力不从心。）

利类思的翻译为"经旨，非指欲与趣非由人（这里也第一次出现了自由意志），惟指自专之不足，必须天主之动以扶佑之"[1]，十分贴切。

这部从头至尾都非常出色的译文显然没有引起时人的共鸣，从而获得应有的关注，确实非常令人惋惜。其优雅的文风和独具匠心的选词，本应具备丰富中国人思想的功效。我们甚至可以得出这样的结论，这些关于自由意志的思想，本来可以在中国掀起相关的讨论和思考。据一位中国学者的记录，安文思的观察是："中国学者极重视这部著作。有一位学者阅后感慨地说：这书对我们是一面镜子，使我们认识到我们学识的肤浅。"[2] 这也许是杜撰，至少也

---

[1] 《超性学要》卷20，第41页。
[2] http://summatheologiae.studium-piusx.org/05.html.

存在很大程度的夸张,但其中也必然包含一部分真理。

六、结 论

利类思的《超性学要》糅合了不同的翻译技巧,跨越语言与文明之间的鸿沟。从词汇的角度来说,利类思想创造一群"基督教化的中国人"的志愿体现于其对汉语语法的干预。与此同时,利类思也显然愿意做出一些调整,迎合某些中国人的文化习性:他变动了原著内容的次序,以便于不熟悉欧洲经院哲学套路的中国读者理解;他也同样擅长以简洁的语言概括许多原著观点。然而,我们仍然很难判断他的译文中我称为"个性化元素"的根由和意义,尤其是因为我们不太清楚《超性学要》的成书过程和出版历史。只知道第一册出版于1654年,但直到17世纪70年代还陆续有后面的部分出现。译文绝对不是新手所为,另外,有一篇序言的作者是在明清两朝都很得势的政治家胡世安(1663年卒),可以想见,至少有一个中国文人对译文是认可和理解的。

(金雯译)

附录一　中国和西方的预测术
——专访德国科学院院士朗宓榭[1]

德国国家科学院院士朗宓榭是一位会算命的汉学家，他领导的研究机构，徽标是圆圈中的一个"命"字。

批八字、掷珓杯、修习奇门遁甲是出于其研究的需要。在西方汉学界，朗宓榭向以通晓语言种类之多和学术领域之广而为人所称道。妻子说他有"旁骛之心"，复旦大学特聘资深教授周振鹤评价他做学问"爱偏门"，这与周振鹤的学术旨趣相投，周振鹤也爱做"接缝处的学问"。

朗宓榭的专长领域为宋明理学、中西文化交流史和中国的命运观等，因此，本次专访主要请他谈命理学、中西会通及新儒家。

卜人卜地：中国与欧洲预占术的同与不同

本次访问复旦，朗宓榭共做四场演讲，依次为："'小道'可

---

[1] 初刊于新华社《瞭望东方周刊》2014年第43期（总第565期），2014年11月13日，记者刘耿。

观：中国与欧洲预测术的比较研究""言不尽意：宋元儒学与图表传意""再论谢和耐的《中国与基督教》""托马斯·阿奎那《神学大全》的首都中译本《超性学要》"。其中，第一讲吸引了最多听众。

这个题目同样引起德国科技教育部的浓厚兴趣，2009年朗宓榭在科教部的支持下，创建了埃尔朗根—纽伦堡大学人文研究院，该院是德国十大科研基地之一，其以"命运、能动及预测：东亚文化和欧洲文化中的应对策略"为研究主题，为期六年的第一期资助将结束，科教部愿意资助第二个六年。

预占术在中国被《四库全书》总纂官纪昀称为"小道"，在欧洲被哲学家大阿尔伯特称为"不定之术"，朗宓榭说自己的理想是从"小道"入"大道"，将之整合进国学中。

预测学在东西方文化史上都是一个很重要的学科门类，但是过去很少人将其当作学术来研究，是"小道"的东西，在中国则止步于"怪力乱神"，人不语之。为何德国科教部会对它抱有兴趣？

朗宓榭： 德国联邦政府从2008年以来就建立了十个这样的中心（人文高等学院），我们是唯一一个涉及中国的。多年前西方汉学家已发现命理学是中国文化的重要组成部分，我认为世界上没有另外一种文化像中华文化那样重视占卜与预测，命理文化是中国传统中历史最悠久、基础最深厚、传播最广泛的一门学问。术数是中国古代学科分类的一个重要门类，术数著作之丰盛独一无二，而中国的科举制度，加强了士大夫阶层与卜算千丝万缕的联系，士人与术士之间存在着买卖、供需及互惠的关系。庞朴先生指出："如果不明白阴阳五行图式，几乎就无法理解中国的文化体系。"

我最后的目标是将之放在现代国学范畴之内。因为路径比较复杂，现在不太敢明确地说其走向。我不否认，命理学在中国传统学问中是"小道"，但它在中国人的生活世界中普遍存在。严复的宇宙观完全是向西方学的，但他每个星期都会卜卦，问自己的身体和财运等，吴宓是20世纪很开明的一个知识分子，他在女儿婚礼前也看日书挑日子。中国知识分子把现代的宇宙观与他们日常生活的实践分开。

无论是西方还是中国的文明传统，都对预测未来并制定相应的对策有过极为浓厚的兴趣。中西方的命理学有大致怎样的分类与异同？

朗宓榭：预测是人类共同兴趣和利益所在，但东西方对待命运和自由的态度不同，所以其预测发展的路径及侧重也有所区别。中国预测以筹算为基础，《周易》是延续至今的中国预测的核心，通过复杂的分离蓍草来预言；西方的预测是从先知的口中探知，古希腊将阿波罗神（"德尔菲预言的主人"）视为皮提亚预言的灵感来源，从公元前8世纪以来长期兴盛，当时的权贵千里迢迢去德尔菲神庙询问一个具体的问题或事件。《新约》中的预言也是启示,耶稣自己就是先知。

当然,两种预测方式在东西方都有。中国的先知体现在如萨满教、巫术、扶鸾、扶乩当中,尽管有上层的读书人参与了这些活动,但中国的先知式预测还是一种边缘化现象。西方也有以计算为基础的预占学如占卜,只是不太发达,在古希腊、古罗马,占卜活动主要是在老百姓中流行,先知才属于西方的高级文化。还有抽签,从古代希腊到中世纪末,在西方很普遍,是属于老百姓的预测,技术含量较低,不是高级文化。然而,反过来看,《易经》的方法也基本上可视为抽签,而《易经》却是文化精华,文人非常关注,是文人的基础学问。

从预测技术的层面看,中国比西方更发达。除了星占学外,没有禁地。因为星占学被朝廷垄断,主要限制于"天垂象,见凶吉",有政治敏感性,个人无法进行。其他技术五花八门,大部分都是从《周易》生发出来的。西方则星占学比较发达。

中西方的星占都是天地间的大学问,都是基于天人感应,基于对天和人的理解,从各自的文化语境出发。西方星占学催生出"星象医学""星象气象学",中国用阴阳五行建构星象世界。西方的生辰星占学可比之于中国的八字算命,13世纪的波拿第(Guido Bonatti)在《天文书》中认为星占能够解答何时破土动工才能吉祥顺利这样的问题,这和中国的"择吉之术"有可比之处。中国的"卜"人和西方有很多相通之处,而"卜"地,即看风水,则是西方所没有的。

另外一个根本的差别是宇宙观。在基督教看来,宇宙之上,还有另一层次,就是上帝。上帝的态度和行为是不可预测的,预占会被认为用心不良,属于较大的罪,因为我们的未来都是上帝定下的。传统中国没有上帝概念,没有外在"超越",而是活在"此岸"。有人提出,中国人讲天人合一,就是说按照我们所懂的宇宙的规则来做我们的事情,宇宙是有规律的,人是宇宙的一部分,如果我们可以推理宇宙规律,也必可以推理个人命运。这个看法有些道理,但是过于简单。

对命理学,现在信它的人认为它是科学,不信的人则批之为迷信。它到底是科学还是迷信?

朗宓榭: 大阿尔伯特试图将星占学吸纳进科学。他把科学分成两类:一类建立在调查起因的基础上,一类是对预兆的推测,星占学被视为"推测"或概率的学问。但是,在基督教主导的西方,设法探究上帝的天机是一种罪恶,所以天主教多禁止星占学、掷骰子和其他预占术,预占在西方随着基督教的普及,不再具有主导地位,而仅仅是边缘现象。欧洲启蒙运动则是以科学来杜绝预占术。

中国历朝历代在不同时期曾将不同的预占术定为秘术,但是占卜术作为一个整体从来没有被宣判为是一种"迷信"而遭到禁止,它不是中国文化的对立面,反倒被容纳吸收进很多家族意识及国家礼仪之中。

中文的"迷信"是一个外来词,"迷信"这个西方概念历经基督教和启蒙运动,意义已经被掏空,成为了批判的话语,所以中文的外来词"迷信"也是负面的,用来指责任何不受欢迎的观点和事件。19世纪末20世纪初,欧洲启蒙思想流入中国,直接导致1928年和1930年"反迷信"的立法运动。其间,不仅很多寺庙被迫关门,很多《周易》算命者以及占卜术士都被禁止从业。但是,20世纪40年代,中国还是出版了20世纪最著名的三位命理大师——徐乐吾、袁树珊、韦千里——的著作。袁树珊著《命谱》,为64位名人立传,包括孔子,解释为何孔子3岁丧父。尽管国民党当局极力倡导启蒙开化之风,但是占卜书籍依然十分流行。1949年新中国成立以后,"迷信"这个概念使用得更为广泛,"文革"时期,禁止宗教,并要求禁止包括占卜在内的封建传统生活方式。改革开放以后,预占方面的书籍作为传统文化的一个组成部分,都可以在各大书店买到。算命作为实践,仍然处于灰色区域。如果我们想把预测作为人类历史上的一个重要因素加以进一步的探讨,那么在"迷信"这个概念下,我们不会取得新的进展,我们不能把知识史的这个重要组成部分忽略。

中国人认为是可以改命、改运的。

朗宓榭:命理学很大程度上建立在对自由的命运的认识上。

预测可以不断重复，是自由的表达。常有人声称古代中国缺乏自由的概念或自由的概念很弱，但是，在一个相信预测命运的文明中，用从预占中获得的知识在理论上是可以与命运进一步斡旋，从而获得自由的。

中国古代流传下来很多与命运交涉的方式，从法术到道德修身，通过祭祀取悦祖宗或是通过《日书》的指导等，在佛教世界里可以改善宿业，来达到与预言相符以减少不良后果，甚至彻底抵消的目的，佛典里的《占察善恶业报经》就谈到这个问题。马克斯·韦伯称为"传统中国根本性地存在着的乐观主义"，同时，与新教主导的道德观相比，他又认为这缺少一种与世界之间的张力。中国人也许不再需要一个清晰的自由概念，因为自由可以通过每天与命运的交涉而实现。

预占术与对待偶然的态度有关，我们所预占的未来，将来都会成为历史，您认为历史是偶然的还是有规律的？

朗宓榭：我不相信历史规律。历史既无目标，也没有必然性。今天某些方面当然要比昨天好，但是历史的演进未必是上升的，你看20世纪多么残酷。历史的发展观是从达尔文的进化论而来的进步主义、乐观主义。有些进步是科学带来的，同时，科学也给人类带来不少问题。历史在不断地向上、向下发展，绝对的进步我不太相信。预测是克服对未来不确定的焦虑，未来的开放性并不等同于偶然性,未来可能是这样,也可能是别样。由此出发,就能排除历史发展的必然性,从而也就没有一个历史事件能够从目的论角度来观照。

现在之于昨日就是未来,既然您认为历史是偶然的,是否便不相信预测?现在"大数据"很流行,人们用它预测消费者的购买行为、世界杯的冠军等,看起来很科学、很理性、很量化的大数据可以预测未来吗?

朗宓榭: 大数据预测与概率关系很密切。欧洲的很多所谓的科学预测的形式是在18世纪到19世纪的转型期间产生的,使用概率测算。概率测算和赌博有密切的关联。对预测数据的处理首次在数学家高斯的正态分布中得到表达,并发展为钟形曲线。从1844年起,在概率计算中大量使用。在钟形曲线的高峰处的事件,我们或许可以进行"科学预测",然而,预测处于钟形边缘的事件在某种意义上被视为是不可能的。柏林墙的倒塌、雷曼银行破产后引发的经济危机,以及许多与我们息息相关的政治、经济事件,用这种概率计算是无法预测的。每天我们都经历着预测,特别是经济界的预测,都在不断地被修正。显然,预言的价值处于不断瓦解的过程中,特别是涉及个人的预测,比如医药方面预测的价值非常低。三年前我患腰椎间盘突出症,看了五个医生,得到五种不同的答案。现在,政治学、经济学都有预测,都自称是按照科学的方法进行的,只是每天都在修正。政治学家、经济学家就成了中国商代的占卜之士,大家承认他们,甚而神圣化及崇拜他们。我们德国有五个所谓的"经济神人",老百姓都很信他们,但是,经常过了一个礼拜,他们又改口了。

我们为何仍然需要预占?

朗宓榭:人类无法承受意义的缺乏及绝对的随机性。正是在这个意义上,歌德在自传《诗与真》中把自己称为"迷信的",自传开篇即是他出生的时辰,他说:"迷信是充满独立的、进步的、自然的一个结集,而虚弱的、狭义的、裹足不前的、陷于自我的人的特点则是什么也不信。"另一位歌德传记作家写道:"迷信是对不熟悉的现象的肯定。它们围绕着我们,并以成千上万的方式影响着我们的生活。"正因为如此,歌德对于预言特别看重。他对自己的命运做了细致的解剖。人类非常需要面对未来时的安全感。我们所经历的事件,包括事故,应该有一个含义和意义,否则,恐怕又无聊又悲观,但是,怎样建构、解构这些意义,每个文化、每个人都有不同的看法。

乐观看待中西会通

朗宓榭拥有汉学家的两样标配:一个比中国人还中国的汉名

以及一位中国太太。在他办公室中,订阅了《人民日报》及《瞭望》系列杂志。

您在复旦的四次演讲中,第一讲针对常有人声称古代中国缺乏自由的概念或自由概念很弱的说法,提出在一个相信预测命运的文明中,用从预占中获得的知识在理论上是可以与命运进一步斡旋,从而获得自由的;第二讲针对西方学术界长期认为中国没有语法的观点,特别是没有语法概念的观点,通过探讨宋元图表,提出中国士人很早就对语法进行了视觉化的处理和尝试;第三讲针对法国汉学家谢和耐主张的"中国语言"和"西方逻辑"不可调和的观点,提出中西不存在会通的障碍。这其中隐藏着为中国"辩护"的立场。这是否说明您作为汉学家对中国的天然好感?

朗宓榭: 在潜意识中有这种倾向性。1985年我首次访华,第一站是北京。30年来,今昔对比,变化翻天覆地,作为汉学家我一直在关注中国发展,为它所取得的进步由衷感到喜悦。而且我对中西文化会通持有较乐观的看法。一国文化在各方面不断地与外来文化接触、交流,当然有个核心,但是这个核心很难定义。什么是中国文化?这个我不敢说,因为无法定义,孔子学院来教我们剪纸、民间艺术,还只是一个层面的东西,文化的内涵应该更加广泛和丰富。回到刚才的话题,中国文化当然有个核心。比如，中国人比德国人更熟悉杜甫，德国人比中国人更熟悉歌德。然而，如易卜生，这个挪威人几乎成了一个中国剧作家，他的剧作在中国的话剧院里比在欧洲还常见。一些原本处在边缘的作家、著作，可以突然就被摆在了一个文化的中心位置。

我持两个观点：第一，不要对文化做一个太固定的、太僵化的定义；第二，文化能结合新的视角，拥有不同的出发点，并具有"反客为主"的能力；第三，不同文化在不断地会通、变化。

明末清初之际耶稣会士来华可被看作第一次成规模的中西会通，"国朝节取其技能，而禁传其学术"（纪昀《四库全书总目提要》），这隐约有了"中学为体，西学为用"的思想，可视之为体用之学的发端吗？中西文化初次相遇对今日的中西会通有什么借鉴作用？

朗宓榭：读张之洞的《劝学篇》，看其体用之学，我个人很难理解什么是"中学"，怎样"为体"。张之洞大力主张"西学中源"说，是想说服严复这些对手，这跟政治需要、权力斗争有关。西方侵略中国，对清政府构成威胁，为了反抗这个外来压力，修复民族自尊，当时的知识分子就需要寻找一些价值，包括道德内涵、知识学问。可是，这些价值的盒子中却空空如也，张之洞不知道该以哪些内容填充其中，直到现在，我们也不知道何为中学、何为西学。基督教就是西方的吗？它发源于中亚，是从东方传到西方的,又在每个国家、每个文化中都发生一些"就地"的调适,法国的天主教跟德国的就有所不同,当然,在中国也会发生这样的变化。所以,对文化的所谓真实性,究竟有没有一种地地道道的文化,我持怀疑态度。

耶稣会士力推西方科学,是其传教策略,是向中国文人展示西方文明有特色的一面,以增加西方文化的吸引力。我同意中国的知识分子最终信天主教的只是少数,像徐光启、李之藻、杨庭筠等地位比较高的读书人,对西学秉持全盘接受的态度,包括神学,并非出于实学目的或单纯的实用主义。

耶稣会与中国文人都在积极寻找两种文化的共同点,这是与后现代主义不一样之处,后现代在不停地找差别,你是少数民族、你是没权力的、你是女性、你是非主流的……徐光启对西方没有利玛窦对中国那么熟悉,但是,双方都在找共同点,这是今人该向他们学习的一个方面。当然,有不同的地方,我们也该承认。这就叫作求同存异。如果将区别作为会通的出发点,那么,结果将是很悲观的。拉迪亚德·吉卜林(Rudyard Kipling)说:"东方就是东方,西方就是西方,两者永不交会。"承认"他者"价值,这点值得肯定,但是结论过于悲观。我很欣赏16世纪、17世纪的交流。19世纪来华的既有新教传教士,更有很多商人,他们有很现实的心态,住在旅馆,跟中国商人打交道,不是读书人之间的交游,西方的中国的图景就每况愈下。

不可独尊儒术

朗宓榭的学术之路很大程度上起于理学研究，他是张载《正蒙》德文本的两位译者之一，并研究朱熹的《易经》观。2014年3月，习近平主席访德期间与几位有代表性的汉学家会面，共90分钟，朗宓榭向习主席提了两个问题，第一个问题是儒家在习近平主席心中的地位。

如何看待正在中国复兴的儒学？

朗宓榭：我对儒家很感兴趣。1985年年初我第一次跟汤一介老先生见面，向他请教，我跟杜维明也比较熟悉，从那时起，我开始看当代新儒家的著作，像牟宗三、唐君毅等，其中观点各式各样、非常复杂，比如他们想论证儒家是哲学，但他们是从非哲学的观点来立论的。我们现在都说中国文化是多元的，那么，儒家只是其中的一部分，如果过分抬高儒家的重要性，我担心儒家将来会成为中国唯一的思想流派。新儒家不能只着眼于自己流派的闪光的历史，过度强化了儒家在中国传统中的角色，也不能与政治走得太近。从历史上看，政治支持一个流派，可能给该流派带来害处，政府应该平等对待各个学术派别。现在，政府给学术界一个机会，拨给经费，好让他们更深入地研究，这是好事。现代新儒家代表人物特别重视《易传》，这个可以促进经学研究。

"四书五经"作为儒家圣典,汉代以降,比之于西方的《圣经》较比之于哲学更妥帖,该被崇拜,该被尊敬。有人认为应该先将儒家经典内部矛盾调和一下,有人认为真理在开放的辩论中将越辩越明,以欧阳修为代表的疑古派就怀疑《周易》之《系辞》《文言》《说卦》《序卦》《杂卦》非孔子所作,以及部分爻辞有"臆出之说",疑古派对儒家贡献很大,真正的学问就在于质疑。这是从学术的角度来说的。

从治国理政的角度来看:第一,儒家天人合一的宇宙观,切合现代发展理念;第二,儒家道德有利于社会伦理。

关于我问习近平主席的问题,他的回答非常坦率,他说,按照儒家观点,就长远言,"义"比"利"更重要,但是我们不能完全轻视"利",应该多给老百姓一些实在的"利"。义利并举,这非常好。

附录二 朗宓榭谈中西方的命理学[1]

德国国家科学院院士、德国埃尔朗根—纽伦堡大学教授朗宓榭（Michael Lackner）一直在从事一项很有趣的研究，即中西命理学比较。这次借着他来复旦大学参加"光华人文杰出学者讲座"的机会，记者采访了他。朗宓榭教授指出，科学对生命有价值，但是科学不能满足生命所有的要求。这是他对命理学感兴趣最重要的原因。

中西方的命理学都有悠久的历史，也各具特色，您能不能先简单介绍一下中西方命理术的大致分类和异同？

朗宓榭：我们先从星象学开始谈，中西方都有星象学，但是它起到的作用、扮演的角色却不同。星象学在中国最重要的作用是为政治服务，星象学家像帝王的大臣一样。星象学在西方偶尔也会为政治服务，但是个人的星占非常普遍，它更多时候是被个

---

[1] 初刊于《上海书评》2014年10月12日，记者黄晓峰。

人所使用。这是中西星象学最大的差异。

星象学的技术本来是古美索不达米亚、古巴比伦的一个发明，几个世纪以后传到西方，然后又传到印度，然后有部分内容传到中国。台北"中央研究院"近代史所的一名研究员张哲嘉做了一个重要的研究，他认为中国传统星象学有不少方面都受到印度的影响。这只是从技术角度对星象学做研究而得出的一个结论，并不能说印度是所有星象学的鼻祖。

在预测学中，抽签、掷骰子这种方式运用得十分普遍。古希腊会用抽签的方式，中国的《周易》也有类似的方法。但是《周易》的占卜技术要发达得多，而且属于高级文化。中西最大的区别在于抽签（占卜）的方法不同，以及这种方式服务于怎样的阶层。在古希腊和古罗马，基本上是低阶层的老百姓在抽签，大部分是佣人、奴隶在使用，皇帝以及精英知识分子不搞这些活动。土耳其保存了一些古希腊时期的寺庙，你能够看到当时他们提出了什么问题，收到了什么回答。当时都是一些没有受过教育的、层次比较低的老百姓使用这种占卜方式。反过来看，《周易》作为"五经"之一，在中国思想史上的地位非常重要。这种情况在西方是完全没有的。

在中国，八字算命非常普遍。算命从唐代就有了萌芽，宋代开始得到普及，宋代出现了"子平之术"。中国的八字算命和西方的星占学最大的差异，在于中国对人的命运的测算以生辰八字为准,不看天文,只看时间。每一时、每一刻有一个特定的数值。根据这些数值换算成天干、地支,组合成八字来综合分析一个人的命运。这是一种根据时间的数值进行的占卜。这也是中西方命理术的一个差异。

您曾谈到,中国古代的预测术以计算为基础,西方的预测建立在先知的基础上,是口述文化。但我们知道,中国也有很多先知式的预测,如扶乩、占梦、巫术等,也算是比较主流的。西方有以计算为基础的预测学吗?

朗宓榭: 有的,像占卜也是要以计算为基础的,但是不太发达,可能有社会意识的原因。在古希腊、古罗马,占卜活动主要是在老百姓中流行。古代西方最重要的先知是德尔菲神庙中的女祭司皮提亚。她会被太阳神阿波罗"附体",周围有一些辅助者来翻译、解释她被"附体"的时候说出的非常奇妙的语言。当时所有的古希腊、古罗马的名人,包括他们的国王,都会去德尔菲神庙。这是精英文化中很突出的现象。

反过来看中国,我完全同意这些现象很普遍,有萨满、巫师、扶乩。但还是位于一种非主流的边缘地带。所以在我看来,中国的先知式预测还是一种边缘的现象。

基督教的预测术也是以先知为主,耶稣本来就是先知。《旧约》里提到的耶利米等,都是先知。但是对基督教影响最大的是

《新约·启示录》，它和中国的《周易》有差不多的地位。一直到中世纪末、近现代的那些先知，包括当时美国所谓的先知都依靠《新约》的启示。这方面的传统很长。虽然西方有星占学，星占学是完全以计算为基础的。但是影响最大，达到《周易》在中国的地位的，还是先知式的预测术。这是我个人的看法，还有待进一步验证研究，但是我想还是有些道理的。

命理学很大程度上建立在对自由的命运的认识上，西方基督教文化中，上帝是无法捉摸的，只能猜测；而中国式的主宰者更接近于天道，所以孔子说"天何言哉，四时行焉，百物生焉"，似乎是有迹可循的规律。您觉得这对中西方命理学的差别有无影响？

朗宓榭：有影响。这涉及西方神学的超越性，当代新儒家也讲内在的超越。在西方人看来，在宇宙的上面还有上帝。上帝不依赖宇宙的规律，上帝自己制定了这些规律，但是每时每刻都可以改变。人类无法准确揣度上帝的心思，上帝想做什么人类无法计算。而且计算推测上帝的想法，有可能涉及原罪，要背负着一种道德负罪感。另外，上帝送给人类这种类似礼物的自由意志，让我们不要超过它的意志。

传统中国没有至高无上的上帝，只有神，而这些神都服从宇宙的规律。所以中国人可以用计算的方式来考察这些规律与个人的关系。这方面又涉及一个道德的问题。人一旦了解了宇宙的规律，就能提高自己的道德感。按照朱熹的说法，占卜也有好处，这种好处不仅在于能够知晓个人命运，也在于因对宇宙的了解而提升了自身的道德地位。

当时西方也有不少人，包括教皇，非常相信和依赖测算，但是他们要背负良心的压力。

中国和西方的预测体系背后，都有决定主义的价值观和宿命论的影响吗？这两者有什么不同？

朗宓榭：中国宿命论最典型的代表是汉代的王充。他完全否定占卜和预测等技术的合理性，除了相面。他认为宇宙是无法预测的，在他的观念中没有上帝的看法。他强调"遇会"，放大偶然性。这种偶然性是预测不了的，因为我们的知识有限。但是恐怕除了王充，也没有多少人赞成宿命论。

在我看来，宿命论和决定主义最主要的差别在于，决定主义能让人们认识到我们的知识有限，但决定主义并不排斥人类测算自己的命运。因为我们承认自己的知识有限，达不到认识的最高层次，但是在这些有限的知识里，我们能够根据一些现象，多少猜出我们的命运。宿命论不管这些，对技术预测是绝对否定的。

伊斯兰教则完全否定所有的占卜术。伊斯兰教的真主比基督教的上帝的地位更高、权力更绝对。他们完全不能揣测真主的意思,都相信宿命论。宿命论的信仰最普遍的一个宗教就是伊斯兰教。

命运虽然不在自己的手上。但不管是西方的决定主义还是东方的决定主义,都不完全排斥人类对命运的测算和占卜。就像中国人说的"尽人事而听天命"。

马克斯·韦伯所谈的新教伦理,强调人间的事功,与中国的各种劝善书和功过格等,是否都暗含着通过个人努力来改变命运的方法?

朗宓榭:是有这个意思,而且他的分析很深刻。尤其是对加尔文教的分析。加尔文教可以追溯到奥古斯丁完全简化了的自由意志。而奥古斯丁以后的天主教的一些大师,他们慢慢地承认了自由意志,特别是耶稣会士。

但是马克斯·韦伯对中国的道教有很多批评,因为他阅读的原始材料是由荷兰人哥罗特写的,书中对道教神秘的宇宙观有很多介绍,所以韦伯对中国道教这种神秘的宇宙观就产生了一些偏见。

道教早期的赎罪、忏悔都是这样的东西。儒家也有类似的自我批评的东西。每天都自我反思,我的待人接物的态度如何?我有没有犯什么错误?我有没有对别人做什么不好的事情?

您说星象学是中西方的大学问，但在西方，星象学是被看作"推测"或概率的学问。中国的星象学更强调天人感应。我们都会联想到李约瑟难题，您是否在暗示西方的星象学更容易启发西方近代科学？

朗宓榭：我们都知道概率这种规则是18世纪数学家高斯的发现，这是跟赌博有关的一个现象。我本人没有研究过，但是有不少学者在研究中国数学史，对于中国数学中有没有发现过概率有不同的意见。很多人表示怀疑。但是还有不少人认为宋代、明代的数学著作中，学者会利用占卜中的例子来表示一种数学规律。只是这个倾向并不是那么普遍。

但是星象学与概率和推测好像没有什么非常密切的关系。在经验方面，按照星象学的理论，对某个行星的测算应该不是依据概率的规则来进行的。这方面我还得继续考察。

所谓的李约瑟难题，关键在于我们给科学下怎样的定义。如果是从系统性的角度来看，那么算命术都有系统性，而且是非常复杂、非常发达的系统。《周易》的系统就非常发达。最发达的就是我们刚才提到的八字算命。你可以否定八字算命的原则、出发点和前提，但是我们没法否定它们的系统性。我在演讲中提到的大阿尔伯特，试图把星象学放在科学体系之内，一直到西方的启蒙时代都是普遍承认的。预测属于知识史，当然也是科技史的一个部分。比如天气预报虽然常常出错，但是它也有自己的一套系统。另外,科学的定义是经验性的,八字也是来自华人生活的经验,星象学也一样。科学的第三个特性是重复性。科学应该是可以重复的。但是从这个角度来看,医学不完全是科学。所以预测学不是那么简单的,有一些因素符合我们现代的科学定义。

您认为西方的预测学在基督教普及之后不再具有主导地位,您为什么又说中国的预测学在主流与边缘之间徘徊?我们知道,直到晚清,扶乩术、堪舆术在知识分子中仍然很流行。

朗宓榭: 到清末民初,很多知识分子并不相信预测术,但仍会进行占卜。最典型的例子是严复。严复的宇宙观完全是从西方学的。但从严复的日记中我们得知,他每周都会根据《周易》卜卦。问自己的身体和财运等,什么问题都问。而且他在占卜的时候会在日记中留下一段空白,事后来看他自己算得准不准。中国知识分子把现代的宇宙观与他们日常生活实践分开。一直到现在,很多知识分子把他们的宇宙观放在一个地方,把他们的日常生活的实践放在另外一个地方。但其实这两者是分不开的。我们研究的时候把这两种现象和态度融合在一起,从宇宙观看实践,从实践看宇宙观。

基督教兴起之后,也有这样的问题,有些教皇很喜欢占卜等测算命运的方式。但是到了启蒙时代,就完全不同了。启蒙时代有了对迷信、宗教的定义。一些法国的、德国的启蒙代表人物认为宗教代表迷信，同时完全排斥这些测算命运的方法。现在的西方人有一派相信末世、相信命运，另外一派是非常理性的。主流还是理性的，中国也是如此。比如民国的陈独秀就完全排斥这些东西。在20世纪排斥这些东西成为一种主流，但是这些实践也不会完全取消。

您说风水、堪舆是中国独有的预测术，西方则没有，这是为什么？

朗宓榭：可能是有不少原因造成的，但我只能说这个现象给我很奇怪的感觉。中世纪西方有一些星象学家用星象学来卜定位置或者盖房子等，不是使用风水、堪舆的方法。越南、韩国等东方国家都有这种风水、堪舆的传统。堪舆、风水这些技术都是由研究阴宅的方法发展而来的。中国重视堪舆，很可能与重视祖先崇拜有关。

能介绍一下现在中西方流行的预测术吗？您大概知道，中国的年轻人特别相信星座。

朗宓榭：我可以开玩笑地说，星象学可能是西学东渐的最后一样东西了。从清末以来，中国对一切西学都是拿来主义的态度，最后一个就是星象学。20世纪想保护古代术数的知识分子对于西方类似的现象并不清楚，所以他们都强调科学主义，甚至连算命先生都应该按照科学的方法进行分析。按照最近的调查，三十五岁以下的中国年轻人，大部分都相信星象学。在西方，我没有调查数据，但是一般的报纸上也经常出现星象学的内容。这些是很好玩的东西。但不要忘记，占卜术和"玩"这个概念关系很密切。你可以不百分之百地相信，但是你可以玩，可以给自己一个心理暗示。按照我的理解，恐怕现在星象这些东西在中国比在西方更加流行。

启蒙时代以来，世界进入马克斯·韦伯所说的"祛魅"时代。如今，科学如此兴盛，却有大量的人相信命理学、预测主义等传统的东西，您说希望从中国的预测学中找到解决西方科学预测失灵的方法，是不是意味着会有"复魅"时代的来临？

朗宓榭：这个也很难说。我们现在慢慢意识到，纯粹的科学主义是不能成功的。本来科学是帮助人们实现更好的生活的，可是科学也会成为人类迈向美好生活的一个障碍。不过，完全离开科学是不可能的。"祛魅"是应该的，但是在中国做得太彻底了。中国的一些"启蒙"，比如"大跃进"和"文革"就很激进、很极端。我们怎样找到一个中庸之道，这是最大的问题。我研究的目的是对人类知识部分做一个反思，而非完全"复魅"。但是我无法提供什么方法，我不考虑具体的实践，但我希望能对这些知识做一个反思，要合理地看待这些现象。

科学对生命有价值,但是科学不能满足生命所有的要求。我不想回到黑暗时代,但是我也相信科学主义是过分的。我知道中国现在有"工业党"和"情怀党"之争,西方从20世纪初,一直到五六十年代都有这样的争论,可以说是两种极端主义。

出版后记

为弘扬和传承中国传统文化，提升中国文化在世界的影响力，促进复旦大学人文学科的发展，支持复旦大学创建世界一流大学的事业，复旦大学和光华教育基金会共同出资设立"复旦大学人文基金"，支持人文学科师资队伍建设和国际交流。

在人文基金的资助和支持下，从2011年开始，复旦大学推出了"光华人文杰出学者讲座"项目，讲座嘉宾经专家委员会讨论确定，由复旦大学校长亲自发函邀请，为复旦大学师生进行系列讲座，以人文知识滋养复旦学子，提升复旦人文学科的研究水平。

"复旦大学光华人文杰出学者讲座丛书"作为讲座的一种成果呈现，是在各位嘉宾在复旦所做学术报告基础上，经后期精心整理创作而成。我们想通过这样一种形式，记录下这些杰出人文学者在复旦校园所做的学术思考，同时也让更多的学人能分享这一学术成果，我们期待今后还会有更多这样的成果奉献给大家，以此为中国人文社会科学的繁荣发展做出一份努力。

这里特别要感谢复旦大学人文基金为举办光华人文杰出学者讲座所提供的资助，感谢人文学科联席会议成员与国际及海峡两岸交流学术委员会专家们为讲座所付出的辛勤工作，讲座的成功举办也得益于复旦大学人文学科各院系师生的大力支持和辛勤付出，在此一并感谢。

复旦大学文科科研处

2013 年 3 月